ASTROLOGÍA ESOTÉRICA

Las Estrellas tienen la llave del camino de tu Vida

GIOVANNI DA RUPECISA

TEMPLUM DIANAE MEDIA

Antes de continuar leyendo, el autor y el editor solicitan explícitamente que lea y comprenda las notas legales para aclarar algunos aspectos básicos de la relación entre las partes.

Aviso legal:

este libro está sujeto a derechos de autor exclusivos; su lectura está destinada exclusivamente al uso personal. Tenga en cuenta también que no está permitido modificar ni utilizar en absoluto ninguna de las secciones de este libro, ya sea de forma gratuita u onerosa; está absolutamente prohibido utilizar, citar o parafrasear cualquier sección o secciones de este libro o su contenido sin el consentimiento escrito y firmado del autor y/o editor.

Aviso legal sobre el descargo de responsabilidad del autor y el editor:

El autor y el editor afirman y reiteran que toda la información contenida en esta obra, tomada individualmente o en su conjunto, dependiendo de la sensibilidad de cada lector o lectora, puede tener una finalidad educativo-formativa o de mero pasatiempo.

El autor y el editor de este volumen, al tiempo que recuerdan a todos los lectores que no se ofrece explícita ni implícitamente ningún tipo de garantía, afirman y reiteran que toda la información contenida en esta obra, al proceder de la lectura crítica de diversas fuentes, posee el más alto grado de exactitud, fiabilidad, actualidad y exhaustividad en relación con su capacidad de investigación, síntesis, tratamiento y organización de la información.

Los lectores son conscientes de que el autor no está obligado en modo alguno a proporcionar ningún tipo de asistencia o asesoramiento legal, financiero, médico o profesional, y de hecho les recomienda que, antes de intentar cualquiera de las técnicas o acciones expuestas en este libro, se pongan en contacto con un profesional legalmente autorizado para ejercer, según la legislación vigente.

Al leer esta introducción, cada lector acepta, explícita o implícitamente, que en ningún caso el autor y/o el editor serán responsables de cualquier pérdida, directa o indirecta, resultante del uso de la información contenida en este libro, incluidos, entre otros, errores, omisiones o inexactitudes.

www.templumdianae.co

ÍNDICE

Índice

Material didáctico
incluido

Escanee este código para obtener
su Curso de vídeo incluido en el libro, una introducción al
mundo de lo oculto y lo paranormal

O siga este enlace:

https://templumdianae.co/the-witchy-course/

¡Este Material te dará acceso a materiales de formación
Exclusivos para mejorar en tu camino !

INTRODUCCIÓN

QUERIDOS BUSCADORES DE LA ILUMINACIÓN ESPIRITUAL,

La vida es un viaje lleno de giros y vueltas, momentos de alegría y tristeza, victorias y derrotas. Sin embargo, en medio del caos y la imprevisibilidad, hay un deseo que late en el interior de cada uno de nosotros: el deseo de descubrir los hilos ocultos que conectan nuestras experiencias, de descifrar el enigmático mapa del camino de nuestra vida. Bienvenido a "Astrología para principiantes: Las estrellas tienen la clave del camino de tu vida", una guía adaptada a quienes buscan claridad, orientación y empoderamiento en la danza cósmica de la existencia.

¿Se siente perdido en el laberinto de su vida, inseguro de qué camino seguir?

¿Las relaciones, la carrera profesional o las dificultades económicas parecen eclipsar su viaje?

Si se plantea estas preguntas, no está solo. Innumerables personas experimentan momentos de duda y confusión, anhelando orientación y consuelo. El peso del estrés y el agobio pueden llegar a ser asfixiantes y dejarnos jadeando en busca de una visión que ilumine nuestro camino. Sin embargo, el escepticismo puede frenarnos y dejarnos anhelando algo en lo que podamos confiar, algo que resuene con nuestro ser más íntimo.

En las sombras de nuestros miedos, nos acechan los fantasmas de las decisiones equivocadas, la soledad, el fracaso y lo desconocido. El estigma asociado a nuestros intereses, como la astrología, puede poner en duda nuestra búsqueda del autodescubrimiento. El miedo a ser engañados por charlatanes que acechan en los dominios de lo místico puede paralizar nuestro deseo de buscar respuestas. Pero sepan esto: sus miedos son compartidos y pueden superarse.

Llevamos dentro sueños de determinación, relaciones más profundas, triunfos profesionales, seguridad económica y, sobre todo, felicidad. Anhelamos herramientas para desvelar nuestro verdadero potencial, tomar decisiones con convicción, dirigir el timón de nuestro destino y abrazar la conexión entre nuestro yo individual y las fuerzas cósmicas que nos rodean.

Permítanme compartir una historia personal que me llevó a explorar la profunda influencia de la astrología. En las profundidades de mis propias búsquedas espirituales y esotéricas de autodesarrollo, tropecé con una revelación que cambiaría el curso de mi vida. En mi afán por combatir las asfixiantes garras de la ansiedad y la depresión, desenterré un tesoro de sabiduría ancestral que abarcaba culturas, religiones y épocas: la astrología, el hilo conductor que tejió el tapiz de la evolución espiritual de la humanidad.

A medida que me adentraba en los reinos del conocimiento esotérico, descubrí que la astrología no era sólo una ciencia lejana de estrellas distantes; era la piedra angular de muchas prácticas místicas. De la alquimia a la numerología, de los cultos antiguos a la magia moderna, la influencia de los cuerpos celestes resonaba a través del tiempo. Mi viaje a estos misteriosos dominios me ofreció un salvavidas que me ayudaría a navegar por las tormentas que se desencadenaban dentro y fuera de mí.

Mi odisea en el reino místico del conocimiento esotérico reveló que la astrología trascendía su condición de mera ciencia. Desde el enigmático arte de la alquimia hasta el lenguaje místico de la numerología, pasando por los sagrados rituales de los cultos ancestrales, la influencia de los cuerpos celestes reverberaba resueltamente a través de los anales del tiempo. Era como si el propio cosmos estuviera grabando su huella indeleble en nuestra narrativa humana.

A lo largo de una década, me sumergí en las profundidades del intrincado tapiz de la astrología. Recorrí los reinos celestes, descifrando el lenguaje de los planetas, las casas y los aspectos. Sin embargo, al embarcarme en mi viaje, me enfrenté a un reto formidable: existía una escasez de guías prácticas que destilaran los intrincados matices de la astrología en una sabiduría digerible. La intrincada red de información a menudo conducía a la confusión más que a la iluminación. Esta escasez encendió en mí la determinación inquebrantable de trazar mi propio camino, transcribir mis notas y percepciones personales y crear un manual que sirviera de guía a quienes, como yo, se enfrentaban a las incertidumbres de la vida.

Y así nació "Astrología para principiantes: Las estrellas tienen la clave del camino de tu vida". En sus páginas, he transcrito meticulosamente lo aprendido durante años de estudio dedicado, transformando mis notas personales en un faro de claridad y comprensión. Este manual es un testimonio de mi compromiso de ayudar a quienes se enfrentan a luchas similares, ofreciendo ideas que hablan directamente de los puntos de dolor, los miedos y los deseos que guían nuestra experiencia humana.

A lo largo de los siguientes capítulos, encontrará un compendio de conocimientos cuidadosamente reunidos a lo largo de años de dedicado estudio y exploración. Este manual está diseñado para ser la guía que desearía haber tenido cuando me embarqué en mi viaje astrológico: una guía que destila conceptos complejos en ideas prácticas y sabiduría práctica. Al compartir mi viaje y los frutos de mi trabajo, espero ofrecer consuelo, dirección y empoderamiento a quienes anhelan una conexión más profunda con el propósito de su vida y el cosmos que nos envuelve.

En "Astrología para principiantes", nos embarcamos en una búsqueda compartida: un viaje que desvela el mapa cósmico y ofrece herramientas para comprender el intrincado diseño de nuestras vidas. A medida que avancemos por las páginas que siguen, exploraremos los principios fundamentales de la astrología, desmitificaremos su lenguaje y te capacitaremos para aprovechar su sabiduría para tu crecimiento.

Tanto si eres nuevo en el mundo de la astrología como si ya tienes un atisbo de interés, este libro está hecho a tu medida. Abordaremos sus puntos débiles, nos enfrentaremos a sus miedos y avivaremos la llama de sus deseos. Los cuerpos celestes tienen historias que contarte, historias que resuenan con las tuyas. Juntos, desvelaremos los secretos que guardan e iluminaremos el camino hacia el autodescubrimiento, la sanación y la transformación.

Así que, si estás listo para desenredar el tapiz de tu existencia, para agarrar el hilo conductor que une tu pasado, presente y futuro, pasa página y embárcate en este viaje cósmico. Las estrellas se han alineado para traerte aquí y, juntos, encontraremos la luz que guía el camino.

CON AMOR Y LUZ.

CAPÍTULO I
UNA VIDA SIN ASTROLOGÍA

EN UN MUNDO REPLETO DE INFORMACIÓN Y OPCIONES, es fácil preguntarse si merece la pena dedicar tiempo y energía a ahondar en las profundidades de la astrología. ¿Por qué molestarse en desentrañar los misterios del cosmos cuando hay tantas otras cosas que reclaman tu atención? En este capítulo, exploramos el concepto de "Una vida sin astrología" y arrojamos luz sobre los retos y las oportunidades perdidas que pueden surgir si decide renunciar a esta práctica antigua e iluminadora.

Imagine que se embarca en un viaje sin mapa ni brújula, sin conocer sus puntos fuertes, sus debilidades y sus cualidades únicas. Una vida sin astrología es como navegar por aguas desconocidas con los ojos vendados. La astrología es un espejo profundo de tu interior, que te ayuda a comprender tus motivaciones, deseos y potencial. Sin esta herramienta, puedes perder la oportunidad de conocerte de verdad.

Las relaciones son la columna vertebral de la existencia humana, pero sin la astrología, a menudo siguen siendo enigmáticos rompecabezas. Una vida sin astrología significa confiar únicamente en el azar cuando se trata de parejas, amistades y conexiones románticas. Puede que se sienta atraído repetidamente por personas incompatibles o que le cueste entender la dinámica de sus relaciones.

Elegir una profesión puede ser uno de los retos más desalentadores de la vida. Sin la astrología, podrías encontrarte a la deriva de un trabajo a otro, inseguro de tu verdadera vocación. La astrología puede ofrecerle información valiosa sobre sus fortalezas y pasiones vocacionales, guiándole hacia una carrera satisfactoria y orientada a un propósito.

El crecimiento personal y la superación personal son objetivos que enriquecen nuestra vida y nos llevan a sentirnos más realizados. Una vida sin astrología puede significar perderse el potencial transformador que ofrecen las percepciones celestes. La astrología puede iluminar las áreas en las que puedes crecer, ayudándote a evolucionar hacia la mejor versión de ti mismo.

La vida está llena de retos e incertidumbres, desde problemas de salud hasta reveses económicos. La astrología ofrece una perspectiva única de estos retos, orientándonos sobre cómo afrontarlos y descubriendo oportunidades ocultas de crecimiento y curación. Sin la astrología, puede sentirse más vulnerable y mal preparado para afrontar los inevitables altibajos de la vida.

La astrología le invita a reconectar con el cosmos y a reconocer su lugar en el gran tapiz del universo. Una vida sin astrología puede provocar una sensación de desconexión con el mundo natural y los ritmos celestes que influyen en nuestras vidas. Abrazar la astrología puede reavivar esta profunda conexión y proporcionar un sentido de propósito y significado.

Navegar por las aguas inexploradas de la vida

En un mundo que avanza a un ritmo cada vez más rápido, la búsqueda del autodescubrimiento suele quedar relegada a un segundo plano ante las exigencias de la vida cotidiana. Sin embargo, la ausencia de autoconocimiento puede conducir a una serie de retos y oportunidades perdidas. Imagina por un momento que te embarcas en un viaje -un viaje por la vida- sin la ayuda de un mapa o una brújula. Te encuentras navegando por aguas desconocidas, inseguro de tu dirección y de los obstáculos que te esperan. Así es, en esencia, como puede sentirse una vida sin astrología.

La astrología, a menudo considerada un arte místico y antiguo, es una poderosa herramienta de autodescubrimiento. Es como un espejo que refleja las profundidades de tu yo interior, iluminando facetas de tu personalidad, motivaciones, deseos y potencial que, de otro modo, permanecerían envueltas en la oscuridad.

El laberinto del yo

Sin la astrología, podría estar vagando por el laberinto de su propia psique, chocando contra las paredes y perdiéndose pasadizos ocultos. Puede que tenga una vaga idea de sus puntos fuertes, sus debilidades y sus cualidades únicas, pero éstas siguen siendo esquivas e indefinidas. La intrincada red de tu personalidad, tejida con hilos cósmicos, queda sin examinar.

El don de la astrología reside en su capacidad para descifrar las influencias celestes que conforman tu carácter y tu trayectoria vital. Revela las fuerzas cósmicas que entraron en juego durante tu nacimiento, ofreciendo una visión de tus tendencias inherentes y de los principios que guían tu existencia. Sus motivaciones, deseos e incluso sus aspiraciones ocultas salen a la luz bajo la lente astrológica.

Por ejemplo, puede que descubra que su ardiente signo solar Aries le infunde un impulso implacable hacia el logro y el liderazgo. O tu signo lunar Piscis puede revelar un profundo pozo de empatía y creatividad que a menudo te ha costado expresar.

Quizá el aspecto más profundo del autoconocimiento a través de la astrología sea el desvelamiento de tu potencial. Es como descubrir un tesoro escondido dentro de ti. Puede que descubras que tu signo ascendente Capricornio te confiere una notable disciplina y una fuerte ética de trabajo. Armado con este conocimiento, puedes canalizar estas cualidades hacia metas y aspiraciones ambiciosas, alcanzando finalmente nuevas cotas en tu vida.

En ausencia de la astrología, su autoconciencia podría limitarse a observaciones superficiales. Es posible que tome decisiones sin comprender por qué le atraen ciertos caminos o experiencias. Las relaciones, las elecciones profesionales y las numerosas encrucijadas de la vida se vuelven más turbias, lo que a menudo provoca sentimientos de confusión e insatisfacción.

Sin embargo, la astrología ofrece un faro de claridad. Te permite salir de la venda de los ojos para comprender mejor tu verdadero yo. Armado con este conocimiento, puedes trazar un rumbo a través de las impredecibles aguas de la vida con confianza y determinación.

A medida que avancemos por las páginas de este libro, profundizaremos en el mundo de la astrología y descubriremos las innumerables formas en que puede enriquecer su vida. Una vida sin astrología es posible, pero a costa del autodescubrimiento, las relaciones significativas y el crecimiento personal. Acompáñanos en esta exploración y juntos descubriremos el ilimitado potencial que la astrología tiene para ti.

CAPÍTULO 2
NO TE PIERDAS OTRA CITA CON LAS ESTRELLAS

EN EL VASTO TAPIZ DEL COSMOS, existe una sabiduría profunda y antigua conocida como astrología, una herramienta que tiene el potencial de guiarnos a través del tumultuoso viaje de la vida, iluminando nuestro camino con el brillo de las propias estrellas. Sin embargo, a pesar de la innegable conciencia del poder transformador de la astrología, muchos de nosotros seguimos tropezando en la oscuridad, sin aprovechar su potencial para alterar el curso de nuestras vidas.

Lo paradójico es que a menudo somos muy conscientes de cómo la astrología puede influir positivamente en nuestras vidas. Hemos oído hablar de su asombrosa capacidad para predecir el destino, explicar los rasgos de la personalidad e incluso revelar talentos ocultos. Comprendemos su potencial para abrirnos las puertas a un futuro mejor. Sabemos que la alineación de los cuerpos celestes puede influir, y de hecho influye, en nuestra existencia cotidiana. Sin embargo, a pesar de ser conscientes de ello, nos perdemos los profundos beneficios que la astrología puede aportarnos.

Imagina que tienes las llaves de un cofre del tesoro, un cofre lleno de riquezas y oportunidades incalculables, justo delante de ti. Reconoces su presencia, pero, por alguna razón inexplicable, decides no abrir la tapa. ¿Cuál es el resultado? Un doble fracaso. En primer lugar, no reconoces el inestimable recurso que tienes a tu disposición y, en segundo lugar, no actúas en consecuencia.

Aquí reside la intrigante paradoja: el universo, que es infinitamente generoso e ilimitadamente compasivo, responde de forma diferente a quienes poseen las soluciones a los retos de su vida pero se niegan a utilizarlas. Es casi como si el cosmos se convirtiera en un juez severo, dispuesto a penalizar y castigar más severamente a quienes poseen las claves de la transformación y, sin embargo, deciden mantenerlas bajo llave, negándose a sí mismos y a los demás la oportunidad de crecer, triunfar y realizarse.

El doble fracaso: El tesoro no reclamado

Imagínese esto: ante usted hay un cofre del tesoro, pero no uno cualquiera, sino uno rebosante de riquezas ilimitadas e innumerables oportunidades. La tapa de este cofre está adornada con la cerradura más intrincada, y tú tienes la llave en tus manos. Sabes que está ahí, el cofre del tesoro, y sabes que la llave puede abrir su tesoro. Sin embargo, inexplicablemente, decides dejarlo ahí, sin tocarlo ni abrirlo.

El resultado de esta decisión es un doble fracaso. En primer lugar, es no reconocer el inconmensurable recurso que tienes a tu alcance, un recurso que podría transformar tu vida. Es como estar ante un árbol imponente cargado de frutos maduros y suculentos y no estirar la mano para coger ni uno solo.

En segundo lugar, es la incapacidad de actuar sobre la base del conocimiento, la incapacidad de aprovechar la oportunidad, de girar la llave y abrir el cofre de posibilidades. Es como tener un mapa de tierras por descubrir y optar por quedarse en territorio conocido, sin aventurarse más allá del horizonte.

Ahora, aquí es donde la paradoja cósmica se profundiza. El universo, en toda su grandeza y magnanimidad, parece tener una respuesta única para aquellos que poseen las soluciones a los retos de su vida, pero conscientemente deciden no utilizarlas. Es casi como si el cosmos asumiera el papel de un juez severo e imparcial, listo para emitir su veredicto.

En este tribunal cósmico, quienes tienen las llaves de la transformación pero no las tocan se enfrentan a un tipo de castigo diferente. El universo parece examinarlos más de cerca, y su juicio tiene consecuencias más graves. Es como si el cosmos amonestara suavemente: "Se te han dado los medios no sólo para mejorar tu propia vida, sino también para influir positivamente en los viajes de los demás. Negar esto, es negar el crecimiento, el éxito y la realización para ti y para los que te rodean".

En las páginas que siguen, profundizaremos en los misterios de la astrología, explorando cómo este antiguo arte puede remodelar nuestras vidas, iluminar nuestros caminos y guiarnos hacia el éxito que anhelamos. Descubriremos los secretos para aprovechar la abundante sabiduría del universo y examinaremos las consecuencias de dejar escapar esta oportunidad.

Profundizaremos en las consecuencias de no aprovechar la oportunidad, y aprenderemos cómo, juntos, podemos aprovechar la abundante sabiduría del universo. Recuerda, querido lector, que tienes el poder de cambiar tu destino, dar forma a tu futuro y desbloquear la vida con la que siempre has soñado. El universo te llama; ¿estás preparado para responder a su llamada?

Así que, querido lector, mientras nos embarcamos juntos en este viaje cósmico, recuerda que tienes el poder de cambiar tu destino, dar forma a tu futuro y conquistar la vida que siempre has soñado. El universo está dispuesto a compartir sus secretos; ¿estás preparado para aceptarlos?

CAPÍTULO 3
CONVIÉRTETE EN UN NIÑO-ESTRELLA
DESBLOQUEA TU PODER INTERIOR

VISLUMBRAMOS EL PROFUNDO IMPACTO QUE LA ASTROLOGÍA PUEDE TENER EN NUESTRA COMPRENSIÓN de nosotros mismos y del mundo que nos rodea. Ahora, nos embarcamos en un viaje de empoderamiento, un camino de transformación que la astrología puede iluminar. Al sumergirte en el rico tapiz de la sabiduría astrológica, descubrirás las claves para desbloquear tu poder interior y abrazar al radiante "niño-estrella" que llevas dentro.

Al nacer, cada uno de nosotros lleva impreso un mapa cósmico: una configuración única de energías celestiales que dan forma a nuestro carácter y a la trayectoria de nuestra vida. Este mapa celeste está intrincadamente diseñado, como una huella dactilar, y contiene la clave para desentrañar nuestro potencial interior. La astrología te permite descifrar este código cósmico, revelando las influencias estelares que guían tu viaje por la Tierra.

Las progresiones ofrecen una perspectiva fascinante del desarrollo de su vida. Simbolizan la evolución gradual de tu yo interior y reflejan las estaciones cambiantes de tu vida. Comprender las progresiones te permite abrazar el crecimiento personal de forma consciente.

A medida que profundices en el vasto universo de la astrología, te darás cuenta de que no es una mera herramienta para el autodescubrimiento, sino un consejero cósmico dentro de ti. Es un consejero de confianza que te ofrece una visión profunda de tus relaciones, tu carrera y el propósito de tu vida.

El radiante despertar de Starchild

En el corazón de cada ser humano, existe una fuerza celestial latente, el "starchild". Esta esencia radiante es un reflejo de las energías cósmicas que danzaron en los cielos en el momento de tu nacimiento. Contiene los secretos de tu verdadero yo, tu propósito y tu potencial sin explotar. A medida que nos adentremos en el profundo mundo de la astrología, empezarás a sentir cómo esta luz estelar interior cobra vida.

La astrología es un espejo cósmico que refleja el brillo de tu alma única. Con cada visión astrológica, se pule un trozo de este espejo, permitiéndote verte a ti mismo con mayor claridad. Reconocerás tus puntos fuertes, tus talentos y tus retos tal y como están escritos en las estrellas. A través de este reconocimiento, te convertirás en el dueño de tu propio destino.

a vida, como el universo, está en constante movimiento. La astrología te proporciona las herramientas para navegar por estas corrientes cósmicas. Imagina navegar en un barco sin conocer los vientos ni las estrellas para guiarte. La astrología se convierte en tu brújula y te ayuda a aprovechar el poder de las influencias celestes.

Cuando te enfrentas a desafíos, la astrología te ofrece consuelo y orientación. Te susurra que las tormentas cósmicas, como las terrenales, pasarán. Te asegura que en las noches más oscuras brilla una estrella polar que te guía hacia tu verdadero propósito. Al abrazar la astrología, adquieres la sabiduría necesaria para desplegar tus velas y dejar que los vientos del destino te lleven hacia el destino deseado.

La vida es un intrincado tapiz tejido con elecciones. Algunas decisiones pueden parecer insignificantes, mientras que otras alteran el curso de tu existencia. La astrología te capacita para tomar decisiones que resuenen con el propósito de tu alma. Susurra orientación en los momentos de duda y refuerza tu intuición.

Con las percepciones cósmicas obtenidas a través de la astrología, te embarcarás en un viaje de elecciones informadas. Cuando se encuentre en la encrucijada de la vida, poseerá la sabiduría para descifrar qué camino se alinea con su yo más elevado. Tus elecciones se convertirán en un tapiz de polvo de estrellas que tejerá tu historia única en el cosmos.

El autodescubrimiento es una odisea que dura toda la vida, y la astrología es tu firme compañera en esta búsqueda. A medida que desveles los secretos de tus signos Solar, Lunar y Ascendente, descubrirás capas de tu ser previamente ocultas. El resplandor de tu "niño estrella" comienza a brillar, iluminando los rincones más oscuros de tu psique.

Con cada revelación, abrazarás tanto tu luz como tu sombra. Bailarás con las contradicciones y complejidades que te hacen completo. La astrología te recuerda que eres un microcosmos del universo, una sinfonía de planetas y estrellas. A través del autodescubrimiento, te conviertes en el director de esta orquesta cósmica, armonizando tu existencia con los ritmos celestiales.

La astrología no es una predicción mística de un destino inmutable; es una guía para tu viaje de empoderamiento. Te anima a tomar las riendas de tu vida y a convertirte en el dueño de tu destino cósmico. A medida que despierte el "niño-estrella" que lleva dentro, podrá acceder a reservas de resistencia, creatividad y sabiduría.

Con la astrología como aliada, marcharás audazmente hacia el mundo, consciente de tus dones y propósito únicos. Navegarás por las complejidades de la existencia humana con gracia, compasión y autenticidad. Tu radiante esencia inspirará a otros a embarcarse en sus propios viajes cósmicos, creando un tapiz de almas interconectadas.

A medida que nos adentramos en el reino de la astrología, desbloquearás la sabiduría cósmica que yace dormida en tu interior. El "niño estrella" que llevas dentro, la esencia radiante de tu verdadero yo, despertará todo su potencial. Al adoptar las ideas y la orientación que ofrece la astrología, navegarás por los desafíos de la vida con gracia, tomarás decisiones informadas y te embarcarás en un viaje transformador hacia el autodescubrimiento y el empoderamiento. Juntos, iluminaremos el camino para convertirte en el dueño de tu destino cósmico.

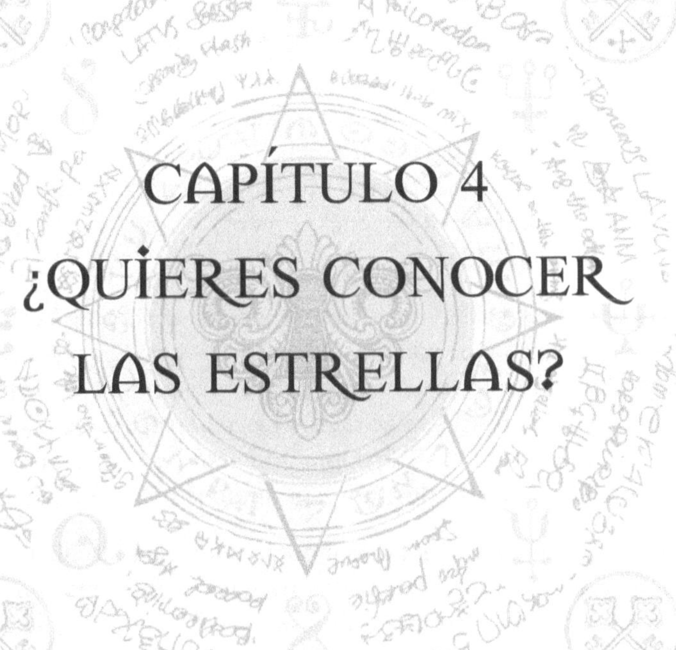

CAPÍTULO 4
¿QUIERES CONOCER LAS ESTRELLAS?

EL CIELO NOCTURNO SIEMPRE HA TENIDO UN ENCANTO QUE TRASCIENDE EL TIEMPO Y LA CULTURA.

Contemplando la vasta extensión de las estrellas, la humanidad ha buscado un significado, una guía y una conexión con algo más grande que nosotros mismos. Esta curiosidad innata por el cosmos es lo que ha llevado a muchos de nosotros a embarcarnos en un viaje por el mundo de la astrología, un viaje que desentraña los misterios del universo y arroja luz sobre nuestras propias vidas.

En esencia, la astrología es el arte de descifrar el código cósmico: leer el lenguaje de los planetas, las estrellas y sus posiciones en el momento de nuestro nacimiento para comprender mejor nuestra personalidad, nuestras relaciones y los acontecimientos de nuestra vida. Es como si el propio universo nos susurrara secretos sobre nuestro destino, esperando a que lo escuchemos.

Las raíces de la astrología se remontan a antiguas civilizaciones que miraban al cielo en busca de orientación. Desde los antiguos babilonios hasta los sofisticados sistemas astrológicos de la India y China, culturas de todo el mundo reconocieron la profunda influencia de los cuerpos celestes en los asuntos terrestres. Este viaje a través del tiempo revela la importancia perdurable de la astrología en la conformación de las creencias, culturas y filosofías humanas.

La astrología se basa en un complejo sistema de símbolos, cada uno de los cuales tiene un significado único. Los planetas son los actores, los signos son los trajes que llevan y las casas son los escenarios en los que se desarrollan sus dramas. Comprender este alfabeto celeste es esencial para interpretar la carta astral, una instantánea personalizada del cosmos en el momento en que usted llegó a este mundo.

Imagine la carta astral como un plano cósmico: un intrincado mapa del viaje de su vida. Cada planeta y punto ocupa un lugar específico en una de las doce casas, y cada casa representa una faceta diferente de tu vida. Desentrañar este mapa ofrece una visión de su personalidad, sus relaciones, su trayectoria profesional y mucho más.

A medida que los planetas viajan por el cielo, forman ángulos o aspectos entre sí. Estas interacciones crean un juego dinámico de energías que influyen en sus experiencias y elecciones. Algunos aspectos promueven la armonía, mientras que otros provocan desafíos. Aprender a leer estas conversaciones desvela la intrincada danza de la narrativa de tu vida.

¿Quiere conocer las estrellas? Bienvenido al mundo de la astrología, un reino donde los misterios del cosmos se entrelazan con la historia de tu vida. A medida que profundices en este viaje, descubrirás cómo las posiciones de las estrellas en tu nacimiento reflejan la esencia de tu ser. Es un viaje que requiere curiosidad, paciencia y un corazón abierto, un viaje que tiene el poder de iluminar tu camino y desvelar la clave para abrir tu verdadero yo.

A medida que nos adentremos en los siguientes capítulos, explorarás las complejidades de los signos zodiacales, las casas cósmicas y el polifacético lenguaje de la astrología. Cuando hayas navegado por este paisaje celestial, estarás bien equipado para interpretar tu carta astral, comprender el propósito de tu vida y forjar una profunda conexión con las estrellas que te han vigilado desde tu primer aliento.

La esencia de la astrología

En esencia, la astrología es un tapiz tejido con los hilos del cosmos, un lenguaje cósmico que nos habla a través de los planetas, las estrellas y su coreografía celeste. Nos invita a desentrañar los intrincados patrones grabados en el cielo y a interpretar los mensajes que transmiten. Imagina la astrología como una sinfonía celestial, en la que cada movimiento y alineación planetaria compone una melodía que resuena en el tejido mismo de nuestra existencia.

En su esencia, la astrología es un puente entre el macrocosmos y el microcosmos, que nos invita a explorar la interacción entre el vasto universo y el alma individual. En el momento de nuestro nacimiento, las posiciones de los planetas y las estrellas nos imprimen una firma energética única. Esta huella, plasmada en nuestra carta astral, se convierte en una hoja de ruta que nos guía por los laberínticos pasillos de nuestra vida.

La astrología se convierte en una poderosa herramienta, semejante a un descodificador metafísico, que nos permite descifrar el código cósmico que rige nuestro destino. Revela una verdad profunda: que el universo no es una entidad aislada, sino una red interconectada en la que cada entidad, desde el átomo más pequeño hasta la galaxia más grande, baila en armonía. Nuestras vidas también forman parte de este ballet cósmico, coreografiado por las energías celestiales que impregnan nuestra carta astral.

Imagina la carta astral como un lienzo celestial, pintado con los colores de los planetas y los signos. Cada planeta simboliza una faceta única de nuestro ser, y los signos en los que residen infunden a estas facetas cualidades distintivas. Las casas cósmicas se convierten entonces en los escenarios en los que actúan estos actores planetarios, representando cada casa un ámbito específico del drama de nuestra vida. La interacción entre los planetas, los signos y las casas cuenta una historia: una historia de fortalezas y desafíos, aspiraciones y temores, victorias y reveses.

Al adentrarnos en el estudio de la astrología, nos embarcamos en un viaje para desenterrar los tesoros que esconde este lenguaje cósmico. Es como descifrar un manuscrito milenario que ha viajado a través del tiempo, inscrito con la sabiduría de los siglos. La astrología nos invita a conectar con la sabiduría de nuestros antepasados, que contemplaban las mismas constelaciones y planetas con asombro y reverencia, buscando orientación en su danza celeste.

En esta búsqueda de la comprensión, la astrología nos invita a escuchar los secretos del universo, susurrados a través del lenguaje de las estrellas. Nos invita a embarcarnos en un viaje de autodescubrimiento, iluminando las profundidades de nuestras personalidades, nuestros potenciales y los retos que nos conforman. Como una suave brisa que trae ecos de galaxias lejanas, la astrología susurra ideas sobre nuestras relaciones, trayectorias profesionales y momentos cruciales de la vida.

La astrología, en esencia, es un testimonio de la interconexión de todas las cosas. Es un recordatorio de que no somos seres aislados, sino componentes integrales de un diseño cósmico mayor. A través de su lente, podemos percibir la sinfonía de nuestras vidas: las armonías y las disonancias, los crescendos y las pausas. Con cada carta astral que exploramos, desvelamos un nuevo verso de la canción del universo, en constante evolución, y adquirimos una comprensión más profunda de nosotros mismos y de nuestro lugar en la gran narrativa cósmica.

Pilares cósmicos de la ciencia divina

A medida que nos adentramos en el enigmático mundo de la astrología, nos encontramos en la encrucijada de la sabiduría antigua y el conocimiento moderno. Los fundamentos de la astrología no son meras construcciones teóricas, sino los cimientos sobre los que se construye el lenguaje cósmico. Estos fundamentos, al igual que las constelaciones celestes, nos guían por los laberínticos pasillos de las energías planetarias, los signos y las casas.

En el corazón de la astrología se encuentra una profunda simbología, un lenguaje tejido a partir de planetas, signos y casas. Cada símbolo encierra capas de significado, un léxico cósmico que puede descifrarse con precisión. Al igual que la pincelada de un pintor crea una obra maestra, la posición de un planeta en un signo y una casa crea un retrato celeste único para cada individuo. Comprender este alfabeto celeste es la clave para descifrar el mensaje cósmico contenido en la carta astral.

Los planetas, esos luminosos vagabundos del cielo nocturno, asumen el papel de actores celestiales en el gran escenario de la astrología. Cada planeta encarna un arquetipo único, una fuerza energética que colorea el lienzo de nuestras vidas. Desde la vitalidad asertiva de Marte hasta la influencia armonizadora de Venus, cada planeta contribuye a la intrincada sinfonía que da forma a nuestras personalidades, deseos y experiencias.

A medida que los planetas se visten con sus atuendos zodiacales, suben al escenario de las casas, un escenario dinámico en el que se desarrollan los relatos de la vida. Cada casa representa un ámbito distinto de experiencia, desde el autodescubrimiento de la Casa I hasta las profundidades transformadoras de la Casa VIII. Las casas crean un lienzo sobre el que bailan los actores planetarios, representando los temas y retos que colorean nuestros viajes individuales.

En el reino cósmico de la astrología, los aspectos son los diálogos entre planetas, una sinfonía de energías que da forma a nuestras vidas. Ya sea en un trígono armonioso o en una cuadratura desafiante, los aspectos revelan la interacción de las fuerzas planetarias. El arte de interpretar los aspectos desvela las melodías y las tensiones de nuestras cartas natales, ofreciendo una visión de nuestros puntos fuertes, desafíos y posibles vías de crecimiento.

Para desvelar los secretos de la astrología, debemos comprender la noción de tiempo cósmico y la creación de la carta astral. El momento de nuestro nacimiento -una colisión única de posiciones planetarias- deja una marca indeleble en nuestras almas. Comprender el proceso de creación de la carta astral nos da las herramientas para interpretar sus mensajes, como si estuviéramos leyendo un diario escrito por el propio universo.

Al sumergirnos en estos principios fundamentales, nos preparamos para un viaje de exploración y autodescubrimiento. Cada símbolo, planeta, signo y casa que encontramos es un cofre del tesoro a la espera de ser abierto, un portal a percepciones que pueden dar forma a nuestra comprensión de nosotros mismos, nuestras relaciones y el universo que nos acuna. Abraza estos pilares de sabiduría cósmica, porque son las linternas que iluminan el camino de la comprensión astrológica que tenemos por delante.

Antiguos caminos de sabiduría celestial

Los corredores del tiempo nos conducen a través de un tapiz tejido con hilos de perspicacia cósmica. Rastrear los orígenes de la astrología es como embarcarse en un viaje a través de civilizaciones, culturas y continentes, un viaje que desvela la fascinación universal por las estrellas que ha guiado la búsqueda de comprensión de la humanidad desde tiempos inmemoriales.

La antigua Babilonia: La cuna de la astrología
Mirar al cielo para adivinar

En el corazón de la antigua Mesopotamia, cuna de la civilización humana, los babilonios contemplaban el cielo nocturno con un profundo sentido del asombro. Seguían meticulosamente los movimientos de los cuerpos celestes, reconociendo patrones y correlaciones entre las posiciones planetarias y los acontecimientos terrestres. Para ellos, las estrellas no eran meros adornos celestes, sino más bien presagios, señales de los propios dioses que guiaban sus decisiones y forjaban sus destinos. Esta práctica astrológica sentó las bases sobre las que se construiría el edificio del conocimiento astrológico.

Misticismo egipcio: Alineaciones celestes y gobierno cósmico - Las estrellas como guías para el más allá

En el corazón del Nilo, los antiguos egipcios tejieron su propia narrativa celestial. Sus pirámides y templos estaban alineados con las estrellas, creando un puente entre lo terrestre y lo divino. Surgió el concepto de soberanía cósmica, en el que cada planeta se asociaba a una deidad que influía en los acontecimientos de la Tierra. Las estrellas, como faros eternos, guiaban a las almas por el laberinto del más allá, ofreciéndoles un paso seguro hacia el abrazo de los dioses.

India: El Cosmos Védico y la Armonía Cósmica
La astrología como parte integral de la vida

En el subcontinente indio, los antiguos videntes védicos miraron al cielo y reconocieron la danza cósmica de las energías. La astrología, o "Jyotish" como se conoce en sánscrito, se convirtió en parte integrante de la vida cotidiana. El sistema védico incorporó la sabiduría celeste a la medicina, la filosofía y las artes. Se crearon cartas natales no sólo para individuos, sino también para ciudades y naciones, lo que atestigua la creencia de que las energías cósmicas se entrelazan con todas las facetas de la existencia.

China: El mandato celestial y el equilibrio cósmico
Armonía entre los reinos terrenal y celestial

En Extremo Oriente, los chinos desarrollaron su propio enfoque de la astrología. El Mandato del Cielo, concepto que vinculaba la legitimidad de los gobernantes a la alineación celeste, se convirtió en un principio rector de la gobernanza. El equilibrio cósmico entre el yin y el yang, el sol y la luna, encontró su reflejo en la filosofía dualista del taoísmo. Los cielos se veían como un espejo de los asuntos terrenales, y el estudio de la astrología era una actividad encaminada a mantener el equilibrio entre los dos reinos.

La mística griega de la comprensión cósmica

Al igual que los cuerpos celestes continúan su eterna danza a través de los cielos, también el intrincado arte de la astrología evoluciona a través de las corrientes del tiempo...

El propio término "astrología" atestigua sus orígenes en la antigua Grecia. Derivado de las palabras griegas "astron" (estrella) y "logos" (estudio o discurso), la astrología es una unión de observación celeste e investigación intelectual. Los griegos estaban cautivados por la idea de que las estrellas contenían claves para entender los asuntos terrenales, una creencia arraigada en el reconocimiento de patrones celestes reflejados en la vida humana...

...Pero la fusión de "astron" y "logos" fue algo más que un matrimonio lingüístico: marcó el nacimiento de una búsqueda perdurable, la de desvelar la interconexión entre el cosmos y la existencia humana. Este entrelazamiento de lo celestial y lo intelectual se convirtió en el sello distintivo de la astrología, un puente entre la belleza etérea de las estrellas y la indagación de las mentes humanas.

En el contexto del mundo griego antiguo, la astrología no era sólo un conjunto de cálculos y predicciones, sino que tenía un profundo significado espiritual. Funcionaba como un conducto, un vínculo sagrado que conectaba los reinos de los dioses, los mortales y las entrañas de la existencia. Los griegos creían que las posiciones y movimientos de los cuerpos celestes eran mensajes divinos, descifrables a través del lenguaje de las estrellas.

La astrología grecoetrusca no era un mero ejercicio intelectual, sino una forma de vida, un medio para entrar en comunión con las fuerzas divinas que daban forma a su mundo. Proporcionaba consuelo en tiempos de incertidumbre, una visión de los retos de la vida y un atisbo de la sinfonía cósmica que resonaba más allá del velo de la existencia mortal. Para ellos, la astrología era un discurso sagrado, un diálogo entre el cielo y el corazón de la humanidad, un puente entre lo terrenal y lo divino, un testimonio de la eterna fascinación por comprender el universo y el lugar que ocupamos en él.

Dentro de esta intrincada danza de lenguaje y conocimiento se encuentra una comprensión más profunda de cómo la astrología fue abrazada por el pueblo etrusco: un puente que une lo divino, lo mortal y el enigmático reino de la muerte.

Para la civilización etrusca, las estrellas eran algo más que cuerpos celestes: eran las huellas de la mano divina sobre el lienzo de la existencia. Los etruscos sentían una profunda veneración por el reino cósmico, al que consideraban un ámbito impregnado de mensajes de sus dioses. A sus ojos, las estrellas eran como emisarios radiantes, portadores de susurros cósmicos que transmitían ideas sobre el intrincado tapiz de las vidas humanas y el destino más amplio de su sociedad.

Para los etruscos, la astrología no era sólo una herramienta, sino un arte sagrado, una puerta de acceso a la sabiduría divina. Les permitía entablar un diálogo con sus deidades, un discurso facilitado por los intrincados patrones celestes. A través de la observación del cielo, los etruscos intentaban descifrar las intenciones divinas y obtener información que guiara sus decisiones, tanto a nivel personal como social.

Los etruscos creían que las estrellas contenían las claves no sólo del presente, sino también del más allá, un reino rodeado de misterio y de lo desconocido. Así como la astrología les conectaba con los dioses y el reino terrenal, también actuaba como conducto para comprender el paso de las almas al reino de la muerte. Se creía que la posición de las estrellas en el momento del fallecimiento de una persona influía en su viaje al más allá, lo que ponía aún más de relieve el papel de la astrología como vínculo cósmico que atravesaba las fronteras de la vida y la muerte.

En el intrincado tapiz de la espiritualidad etrusca, la astrología estaba entretejida en el tejido mismo de su existencia. Era una luz que guiaba en tiempos de incertidumbre, una fuente de conocimiento para tomar decisiones vitales y una clave para desentrañar los aspectos enigmáticos de la vida y la muerte. Mediante el estudio de las alineaciones celestes, los etruscos buscaban encontrar un sentido al caos de la existencia, comprender el propósito de los acontecimientos que se desarrollaban en sus vidas y honrar su conexión con las fuerzas divinas que daban forma a su mundo.

En esencia, la astrología era un hilo sagrado que unía los hilos de lo divino, lo mortal y el reino de la muerte. Era un lenguaje que resonaba a través de las dimensiones y permitía al pueblo etrusco relacionarse con el cosmos, comunicarse con sus dioses y explorar los misterios que yacían más allá del velo del entendimiento humano. A través de la astrología, los etruscos buscaban la comunión con el universo, una comunión que trascendía el tiempo, salvando las distancias entre los distintos reinos de la existencia y revelando la intrincada interconexión de todas las cosas.

Una síntesis de matemáticas y misticismo

Los pitagóricos, una sociedad mística y filosófica, desempeñaron un papel fundamental en la evolución de la astrología. Su fascinación por las relaciones numéricas y las armonías cósmicas condujo a la integración de las matemáticas y la cosmología. Pitágoras y sus seguidores creían que los cuerpos celestes emitían vibraciones únicas que influían en el tejido de la existencia. Esta conexión entre los números y las estrellas fue precursora de los intrincados cálculos matemáticos incorporados a la práctica astrológica.

Pitágoras, una lumbrera cuyo nombre resuena a través de los tiempos, se situó a la vanguardia de esta hermandad mística. Él y sus seguidores estaban cautivados por las proporciones armoniosas que sustentaban el gran diseño del universo. Para ellos, los números no eran meros símbolos, sino la esencia misma de la realidad: la clave para desentrañar los secretos de la existencia.

El viaje de los pitagóricos al reino del misticismo numérico se extendió a los cielos. Sostenían que los cuerpos celestes -esas luminarias radiantes que adornaban el cielo nocturno- no eran espectadores silenciosos, sino instrumentos resonantes. Cada planeta, estrella y entidad celeste emitía su propia vibración, una sinfonía cósmica que ondulaba a través del tejido de la propia realidad.

Esta creencia en las vibraciones celestes sentó las bases de una conexión íntima entre los números y las estrellas. Los pitagóricos creían que las melodías celestiales se reflejaban en las relaciones numéricas que discernían en la Tierra. La armonía del cosmos encontraba su eco en las relaciones matemáticas que descubrían: un diálogo armonioso entre el reino celeste y el mundo de los números.

Esta profunda visión fue precursora de los intrincados cálculos matemáticos que se convertirían en parte intrínseca de la práctica astrológica. La fascinación de los pitagóricos por las armonías cósmicas se convirtió en un faro que guió el desarrollo de las técnicas astrológicas. El nacimiento mismo de la carta astral, una instantánea personalizada de las posiciones celestes en el momento del nacimiento, se entrelazó con su creencia en la resonancia entre los números y las estrellas.

En la carta astral, los planetas y sus posiciones eran como notas musicales en un pentagrama cósmico. Cada posición, cada aspecto, formaba un acorde celestial que resonaba con la vibración única del alma de cada individuo. El legado de los pitagóricos resonaba en los intrincados cálculos que empleaban los astrólogos, forjando una conexión entre los movimientos armoniosos de los planetas y la sinfonía de la vida de un individuo.

La exploración de los números y la armonía cósmica por parte de los pitagóricos fue una empresa que trascendió los ámbitos de la filosofía y las matemáticas, y ejerció su influencia sobre la astrología, imbuyéndola de una mayor complejidad. La intrincada danza entre los números y las estrellas, entre las sinfonías celestes y la existencia terrestre, se convirtió en una faceta integral de la interpretación astrológica.

Al rastrear el linaje del conocimiento astrológico, encontramos las huellas de los pitagóricos impresas en su núcleo. Su fascinación por las relaciones numéricas y las vibraciones cósmicas sentó las bases para la integración de las matemáticas y la cosmología, elevando la astrología a un reino donde la gran sinfonía del universo se encuentra con las sutiles complejidades de los destinos humanos. En la danza cósmica de los números y las estrellas, los pitagóricos dejaron un legado que resuena a través de los siglos, un puente que conecta lo etéreo con lo terrenal y un testimonio de la profunda interacción entre los conocimientos celestes y la comprensión humana.

Astrología helenística: El nacimiento de la Carta Natal

En el mosaico en constante evolución de la exploración humana, el periodo helenístico se erigió como un momento crucial en la evolución de la astrología. Fue durante esta época cuando arraigó una innovación revolucionaria: la carta astral, una huella celeste que transformó la forma en que los astrólogos percibían la interacción entre el cosmos y la existencia humana. Esta evolución marcó el paso de lo cósmico a lo personal, de lo universal a lo íntimamente individual.

Mientras las estrellas seguían su eterna danza por el cielo, los astrólogos de la época helenística profundizaron en los entresijos de la observación celeste. Reconocieron que la posición de los planetas en el momento del nacimiento de una persona creaba una firma cósmica única, un modelo que reflejaba su esencia y su destino. Esta comprensión provocó un cambio revolucionario en la práctica astrológica.

Con gran precisión, los astrólogos empezaron a elaborar cartas natales, también conocidas como horóscopos. Estos intrincados mapas representaban las posiciones de los planetas dentro del marco zodiacal en el momento del nacimiento. La posición de cada planeta, cada aspecto entre ellos, era como una nota en una sinfonía cósmica, una sinfonía que resonaba con la esencia del individuo y la trayectoria de su vida.

La carta astral se convirtió en un texto sagrado, un diario celestial de la alineación del alma con el universo. Los conocimientos astrológicos ya no se limitaban a predicciones generales sobre acontecimientos colectivos, sino que ahora ofrecían revelaciones muy personalizadas sobre el carácter, el potencial, los retos y la trayectoria vital de cada individuo. Esta evolución era un testimonio de la evolución de la relación entre la humanidad y el cosmos, una relación que trascendía el ámbito de la mera observación astronómica.

Los astrólogos empezaron a descifrar el intrincado lenguaje de la carta astral, un lenguaje tejido a partir de las posiciones planetarias, los signos zodiacales y los ángulos entre ellos. La interacción de estos componentes cósmicos dibujaba un cuadro vívido de la psique del individuo, sus aspiraciones, sus relaciones y los diversos capítulos que se desarrollarían en su viaje terrenal. La carta astral se convertía en un lienzo en el que se escribía la historia de una vida, una sinfonía en la que los movimientos planetarios componían las melodías de la existencia.

El paso de lo macrocósmico a lo microcósmico fue revolucionario. Supuso un cambio de las amplias influencias cósmicas a las complejidades íntimas de los destinos individuales. La astrología, que antes se utilizaba principalmente para hacer predicciones sobre la colectividad, tenía ahora el poder de ofrecer perspectivas que resonaban profundamente en el corazón de cada persona.

La aparición de la carta astral como herramienta central transformó la astrología en un arte profundamente personal e introspectivo. Puso de relieve la interconexión entre lo celeste y lo terrenal, demostrando que los patrones de las estrellas estaban intrincadamente entretejidos con el tejido de la vida humana. La contribución del periodo helenístico a la evolución astrológica se convirtió en un testimonio del diálogo dinámico entre los cielos y la experiencia humana, un diálogo que sigue desarrollándose, revelando las infinitas capas de significado y conexión que residen en el tapiz cósmico de la existencia.

A medida que el Imperio Romano se expandía, absorbía los tesoros intelectuales de las tierras conquistadas, incluidos los conocimientos cósmicos de los griegos. Filósofos griegos como Platón y Aristóteles sentaron las bases filosóficas que alimentarían la sed de conocimiento de los eruditos romanos. Figuras como Claudio Ptolomeo, a través de su obra "Tetrabiblos", tradujeron y sintetizaron la sabiduría astrológica helenística, dando forma a los fundamentos de la práctica astrológica durante siglos.

La convergencia cósmica del cristianismo

En el fértil suelo de la época helenística se produjo una alquimia única, que daría origen a un nuevo movimiento espiritual que trascendió las fronteras del tiempo y el espacio. La síntesis de la astrología y la espiritualidad helenísticas, entrelazada con el tapiz emergente de la cultura romana, desempeñó un papel insospechado en la creación del cristianismo, un culto enigmático que remodelaría el curso de la historia.

En el mundo romano, la síntesis de astrología y espiritualidad se entretejió en el tejido cultural. Los romanos, conocidos por su sincretismo -una inclinación a fusionar diversos sistemas de creencias-, abrazaban la interacción entre lo cósmico y lo divino. Las narraciones celestiales de planetas y estrellas se entrelazaban con su panteón de dioses, tendiendo un puente entre lo terrenal y lo etéreo.

La aparición de la astrología como herramienta para la comprensión personal y el crecimiento espiritual fue precursora de las corrientes culturales que acabarían dando forma al advenimiento del cristianismo. La creencia en la influencia cósmica sobre los asuntos humanos, la búsqueda personal de sentido y el anhelo de conectar con lo divino contribuyeron a preparar el panorama psicológico y cultural para una profunda transformación.

En este entorno cultural surgió el cristianismo, una inesperada convergencia de anhelo espiritual, sincretismo cultural y conocimientos astrológicos. Los cuatro Evangelios -Mateo, Marcos, Lucas y Juan- fueron elaborados con una sutileza que ocultaba su verdadera profundidad. En sus narraciones hay ecos de antiguos conceptos astrológicos y místicos, un manuscrito críptico que contiene las claves de la antigua sabiduría cósmica.

Los paralelismos simbólicos entre la vida de Cristo y el viaje del sol a través de la rueda zodiacal no han escapado a los ojos de los estudiosos de la astrología. La narración del nacimiento, muerte y resurrección de Cristo refleja los ciclos de los cuerpos celestes, un reflejo metafórico de las verdades cósmicas. El significado esotérico de los números y sus vínculos con los arquetipos planetarios teje sutilmente un tapiz de conocimientos astrológicos en los textos evangélicos.

La síntesis de la astrología helenística, la espiritualidad y la cultura romana ejerció una profunda influencia en el nacimiento del cristianismo. Este nuevo y enigmático culto, nacido de la convergencia de la sabiduría antigua y los conocimientos celestiales, daría forma al tejido espiritual del mundo occidental.

En los cuatro Evangelios se encriptan secretos cósmicos, legado de una época en la que la sabiduría celestial se entretejía con las enseñanzas espirituales. A medida que la humanidad viajaba por las páginas de la historia, estas conexiones ocultas servían de recordatorio de que los hilos del cosmos están entretejidos en la esencia misma de nuestra existencia. La síntesis de la astrología helenística y la espiritualidad, que culminó en las corrientes cósmicas que dieron origen al cristianismo, habla del diálogo perdurable entre los cielos y el corazón humano, un diálogo que sigue resonando a través de los tiempos.

A medida que el reloj celeste continuaba su inexorable marcha, el amanecer del año 0 marcó un punto de inflexión crucial, una convergencia de ciclos cósmicos y relatos espirituales que alteraría para siempre el curso de la historia humana. Esta coyuntura, simbolizada por el nacimiento de Cristo y el advenimiento del cristianismo, marcó el comienzo de la Era de Piscis, una nueva era con profundas implicaciones astrológicas y simbólicas.

En la gran sinfonía de la Precesión de los Equinoccios -un fenómeno causado por el bamboleo gradual de la Tierra sobre su eje- las estrellas parecen desplazarse con el tiempo, dando origen a sucesivas edades astrológicas. La Era de Piscis, un periodo que duró aproximadamente 2.000 años, siguió a la Era de Aries y precedió a la Era de Acuario. Estas edades astrológicas reflejan las constelaciones zodiacales que les dan nombre, cada una de ellas con su propia energía y simbolismo.

La transición de la Era de Aries a la Era de Piscis estuvo marcada por un desplazamiento gradual del punto del equinoccio de primavera de la constelación de Aries a Piscis. Este cambio de época, magníficamente sincronizado con el nacimiento de Cristo, reflejaba la esencia temática de Piscis, un signo simbolizado por el Pez. Esta era astrológica resonaba con la narrativa espiritual que Cristo encarnaría más tarde.

A lo largo del Nuevo Testamento, las interacciones de Cristo con los pescadores sirven como parábolas que reflejan su papel como Pescador de Almas. En la Era de Piscis, el mensaje de Cristo encapsulaba la esencia del Pez: la llamada a dejar a un lado las redes materiales que nos atan a lo mundano y abrazar la llamada divina del espíritu.

La era pisciana, caracterizada por su sensibilidad, empatía y conexión con lo místico, encontró su encarnación en Cristo, una figura que predicaba el amor y la redención, que realizaba milagros y abrazaba a los oprimidos. El milagro de Cristo de alimentar a la multitud con peces y panes, y el simbolismo de la Última Cena con pan y vino, entrelazaron aún más el tema pisciano del sacrificio y el sustento espiritual.

La Era de Piscis, con sus energías cósmicas inherentes, sirvió de telón de fondo para el surgimiento del cristianismo y las enseñanzas de Cristo. Esta era trajo consigo la resonancia del Pez, la representación espiritual y simbólica de la misión de Cristo de despertar a la humanidad a una conciencia más profunda, compasiva y unificada.

Cuando el equinoccio de primavera entró en Piscis y la presencia de Cristo adornó el mundo, los hilos de lo cósmico y lo divino convergieron, dando forma a una era que resonaba con las energías piscianas del amor, la compasión y la trascendencia. La Era de Piscis, marcada por el mensaje y la misión de Cristo, se convirtió en un testamento de la danza cósmica entre los cielos y la historia humana, una danza que continúa desarrollándose, invitándonos a abrazar las verdades espirituales más elevadas que yacen en el abrazo del Pez.

La resistencia de la astrología

A través de la caída de los imperios y el surgimiento de nuevas eras, la resistencia duradera de la astrología fue un testimonio de su profundo impacto en la comprensión humana. Desde los antiguos griegos y romanos hasta los eruditos árabes medievales y los pensadores del Renacimiento, cada época aportó sus propias interpretaciones, refinamientos y controversias. La astrología siguió evolucionando, adaptándose a los cambios intelectuales, culturales y sociales.

La evolución de la astrología no escapó al escrutinio de la revolución científica moderna. A medida que los métodos empíricos ganaban protagonismo, la astrología se enfrentaba al escepticismo y la incredulidad. Sin embargo, incluso cuando la ciencia cuestionó su validez, la astrología persistió, encontrando un nuevo público que buscaba significado y conexión en un mundo que cambiaba rápidamente.

CAPÍTULO 5
ASTROLOGÍA 101

AL REVELAR EL LÉXICO CELESTE DENTRO DE LA VASTA EXTENSIÓN DEL COSMOS, la astrología emerge como un puente profundo que conecta los reinos etéreos de lo celeste con los paisajes tangibles de lo terrestre.

Este capítulo sirve de brújula, señalando los principios fundamentales que iluminan los caminos de este arte antiguo y venerado. Aquí nos aventuramos en el corazón de la astrología, pelando las capas de su esencia para revelar el profundo lenguaje que trasciende el tiempo y el espacio.

El Zodíaco: Un círculo celeste de influencia

El zodíaco, un círculo celeste que adorna los cielos, es una galería de retratos arquetípicos, cada uno de los cuales lleva la firma de una personalidad distinta: un signo del zodíaco. Aries, Tauro, Géminis y más allá: estos signos son como pinceladas cósmicas, cada una de las cuales revela sus matices únicos en el lienzo de la naturaleza humana. Con las fuerzas elementales como base y los planetas regentes guiando sus energías, los signos del zodiaco forman un consejo celestial que moldea nuestro carácter y nuestro destino. Al recorrer el paisaje zodiacal, desvelaremos los rasgos, las fuerzas y las tendencias inherentes a cada signo, así como la danza cósmica que influye en su interconexión.

En la inmensidad de lo alto, los planetas surcan el cielo, cada uno irradiando su propia energía, una sinfonía de fuerzas cósmicas. Desde las ardientes pasiones de Marte hasta la intuición etérea de Neptuno, cada planeta encarna una faceta de la experiencia humana. Estos mensajeros celestes anuncian mensajes que resuenan profundamente en nuestro interior, moldeando nuestro comportamiento, emociones y aspiraciones. A través de una lente que mezcla mitología, astronomía y simbolismo, nos embarcaremos en una odisea entre los planetas, desentrañando su poder arquetípico y su íntima influencia en nuestras vidas.

A medida que los planetas recorren sus trayectorias orbitales, entablan diálogos celestes, formando intrincadas relaciones geométricas conocidas como aspectos. Estas conversaciones crean una sinfonía celeste que revela las armonías y disonancias del cosmos. Exploraremos los matices de estas conexiones planetarias, desde las melodías fluidas del armonioso trígono hasta la tensión de los desafíos de la cuadratura. Al igual que las notas musicales crean una composición, estos aspectos tejen el intrincado tapiz de nuestras vidas, dando forma al flujo y reflujo de nuestras experiencias.

l escenario cósmico en el que actúan los planetas está dividido en doce casas, cada una de ellas un escenario distinto en el que se desarrollan los innumerables dramas de la vida. Estas casas son el escenario de nuestras interacciones, experiencias y crecimiento personal. Desde la fundacional primera casa, que representa la autoconciencia, hasta la mística duodécima casa, que simboliza la trascendencia, cada sector es portador de una energía única. A través de las ventanas de las casas, vislumbramos la panorámica de la existencia humana, un paisaje que lo abarca todo, desde los esfuerzos profesionales hasta las relaciones, y que desvela el guión cósmico que da forma a nuestras historias.

los 12 signos zodiacales

Imagine la esfera celeste como un mecanismo de relojería meticulosamente diseñado, con los doce signos astrológicos ingeniosamente colocados como los engranajes perfectamente alineados de un gran reloj cósmico. Cada signo ocupa un arco de 30 grados de longitud celeste medido con precisión, que culmina en una exquisita disposición circular. Esta coreografía celeste no es arbitraria, sino que está meticulosamente sincronizada con la trayectoria aparente del Sol por el cielo a lo largo del año.

Las fechas de génesis y culminación de cada signo astrológico se ofrecen como aproximaciones, un guiño a la matizada danza de la mecánica cósmica. Esta flexibilidad temporal se debe a la variabilidad inherente a la determinación del momento exacto del equinoccio de marzo, un acontecimiento astronómico que marca el inicio de Aries. Este momento equinoccial, que encarna el equilibrio entre el día y la noche, sirve de conmovedor punto de partida del viaje zodiacal.

Con la llegada del equinoccio, se abre el telón del escenario cósmico y Aries se convierte en la primera luminaria en entrar en escena. Aries, pionero e iniciador, marca el tono de la sinfonía zodiacal, seguido en armoniosa secuencia por los demás intérpretes celestes. Cada signo, personaje esencial de la narración astrológica, ocupa su lugar, impregnando el paso del tiempo con su energía, características e influencias únicas.

A medida que la Tierra avanza en su coreografía orbital, el foco solar cambia, lo que significa el cambio de una persona zodiacal a otra. Los entresijos de esta alineación son un testimonio de la armonía divina entretejida en el tejido cósmico: un ballet intrincado que encierra la sabiduría de los siglos y ofrece perspectivas sobre la naturaleza humana, las relaciones y el desarrollo de los capítulos de la vida. Al igual que los cielos continúan su danza eterna, los signos astrológicos también evolucionan en su perenne viaje a través del tapiz celeste.

Los doce signos zodiacales, cada uno con cualidades y atributos distintos, se alinean con fechas específicas a lo largo del año:

- Aries (21 de marzo - 19 de abril): El pionero, lleno de energía e iniciativa.
- Tauro (20 abril - 20 mayo): El estabilizador con los pies en la tierra, que aprecia la comodidad material.
- Géminis (21 de mayo - 20 de junio): El comunicador, curioso y adaptable.
- Cáncer (21 de junio - 22 de julio): El cuidador empático, en sintonía con las emociones.
- Leo (23 julio - 22 agosto): El líder carismático, que irradia creatividad.
- Virgo (23 de agosto - 22 de septiembre): El analista meticuloso, atento a los detalles.
- Libra (23 de septiembre - 22 de octubre): El armonizador, que busca el equilibrio y la justicia.
- Escorpio (23 de octubre - 21 de noviembre): El investigador intenso, que indaga en lo más profundo.
- Sagitario (22 de noviembre - 21 de diciembre): El explorador, que se lanza a la aventura.
- Capricornio (22 de diciembre - 19 de enero): El ambicioso triunfador, persistente y disciplinado.
- Acuario (20 de enero - 18 de febrero): El pensador visionario, promotor del cambio.
- Piscis (19 de febrero - 20 de marzo): El soñador intuitivo, profundamente empático.

Los elementos fuego y aire son filosóficamente equivalentes, pero se sitúan a 180 grados de distancia en el ámbito de la astrología occidental. Del mismo modo, los elementos tierra y agua forjan su propia asociación contrastada. Este equilibrio simétrico subraya la armonía presente en el cosmos.

Curiosamente, no todos los sistemas astrológicos se adhieren al marco de los cuatro elementos. El Sepher Yetzirah, por ejemplo, ensalza una visión de las emanaciones divinas que presenta sólo tres elementos básicos, una manifestación que irradia desde una fuente central singular. Esta divergencia en la interpretación de los elementos pone de relieve los diversos paisajes filosóficos que la astrología ha tejido a través de las culturas y las épocas.

Curiosamente, el gran tapiz de las estaciones contribuye a esta sinfonía de oposiciones. Los signos nacidos durante el equinoccio de primavera contrastan con sus homólogos nacidos en otoño. Del mismo modo, los signos nacidos en invierno, envueltos en la introspección, reflejan las luminarias del verano. Esta perpetua danza de dualidad cósmica infunde profundidad y resonancia al viaje zodiacal.

Y así, la rueda zodiacal gira, desvelando una profunda danza de contrastes. Aries, el ardiente iniciador, se yuxtapone a Libra, el diplomático armonizador. Tauro, el firme signo de tierra, se encuentra frente a Escorpio, la enigmática fuerza del agua. Géminis, el gemelo comunicativo, refleja a Sagitario, el intrépido explorador. Cáncer, el nutritivo, se opone a Capricornio, el tenaz escalador. Leo, el regio portador del Sol, lanza su mirada opuesta hacia Acuario, el visionario innovador. Virgo, la mente analítica, encuentra su contrapunto en Piscis, el soñador empático. Esta sinfonía de oposiciones pinta el lienzo celeste con matices de equilibrio, creando una danza que refleja las dualidades intrínsecas a la existencia humana.

La polaridad

En el ámbito de la astrología occidental, el concepto de polaridad se despliega como una división fundamental que divide el zodíaco por la mitad, dotándolo de un espectro matizado de energías. Esta división se basa en la alineación de la energía fundamental de un signo, categorizándolo como positivo o negativo. Dentro de esta intrincada dinámica, una serie de atributos y características fluyen de forma natural, delineando la esencia de cada signo.

Los signos de polaridad positiva, a menudo sinónimo de ser activo, yang, expresivo o masculino, encuentran su encarnación en los seis signos impares del zodíaco: Aries, Géminis, Leo, Libra, Sagitario y Acuario. Estas luminarias irradian una fuerza vital vibrante, similar al ardiente fervor de Aries, la curiosidad comunicativa de Géminis, el carisma regio de Leo, la diplomacia armonizadora de Libra, el entusiasmo explorador de Sagitario y la innovación visionaria de Acuario. Colectivamente, estos signos de polaridad positiva se unen para formar las triplicidades de fuego y aire, encendiendo las llamas de la pasión y el compromiso intelectual.

En armonioso contraste, los signos de polaridad negativa, a menudo descritos como pasivos, yin, receptivos o femeninos, abarcan los seis signos pares del zodíaco: Tauro, Cáncer, Virgo, Escorpio, Capricornio y Piscis. Estos signos resuenan con el abrazo tranquilo de Tauro, la sensibilidad nutritiva de Cáncer, la precisión analítica de Virgo, la profundidad de Escorpio, la determinación disciplinada de Capricornio y la intuición empática de Piscis. Juntos, forman las triplicidades de tierra y agua, que enraízan el zodíaco en la estabilidad y la resonancia emocional.

Esta intrincada interacción de polaridades teje una danza cósmica que subraya la intrincada dualidad de la creación. Al entrelazarse, las fuerzas positivas y negativas forman un equilibrio armonioso que recuerda la profunda sabiduría del símbolo del yin-yang. En el rico tapiz del zodiaco, el concepto de polaridad añade otra capa de comprensión, infundiendo a cada signo su resonancia energética distintiva, guiando a los individuos en sus viajes personales a través del mapa celeste.

Las tres modalidades
Estaciones y expresión cósmica

En el intrincado marco de la astrología, el concepto de modalidad se despliega como una clave para comprender la disposición de un signo y su relación con las estaciones. Cada uno de los cuatro elementos -fuego, tierra, aire y agua- se manifiesta a través de tres modalidades distintas: cardinal, fija y mutable. Esta triple división da lugar a una elegante danza de energías que determina la forma en que un signo interactúa con el mundo.

Estas modalidades son algo más que etiquetas cósmicas; representan el posicionamiento del signo dentro de su estación respectiva. Al igual que cada estación aporta una energía única, la modalidad de un signo determina su enfoque del cambio y la acción. Cada modalidad comprende cuatro signos, por lo que se las conoce como Cuadruplicidades, un testimonio de la relación simbiótica entre estos principios cósmicos.

Para ilustrarlo, pensemos en Aries, el pionero del zodíaco. Se sitúa al comienzo de la primavera en el hemisferio norte, una época de renacimiento e iniciación. Como resultado, a Aries se le atribuye una modalidad cardinal, que simboliza su proclividad a los comienzos, el liderazgo y la acción dinámica. Por el contrario, un signo como Capricornio, alineado con el solsticio de invierno, resuena con una modalidad cardinal de tierra. Este emparejamiento encarna el enfoque pragmático y disciplinado de Capricornio para manifestar sus objetivos en el mundo material.

Esta amalgama de elemento y modalidad confiere rasgos de carácter distintivos a cada signo zodiacal. La conexión entre ambos es similar a una huella dactilar cósmica, que confiere a cada signo su mezcla única de energías y atributos. Las tres modalidades -el cardinal iniciático, el fijo estable y el mutable adaptable- forman un puente fundamental que interconecta el tapiz zodiacal, permitiéndonos explorar las diversas expresiones de cada signo a medida que armonizan con los ritmos siempre cambiantes de las estaciones.

Cardinal: Representada por el símbolo △, la modalidad cardinal resume la acción, el dinamismo, la iniciativa y la fuerza de la creación. Aries, el ardiente pionero, lleva la antorcha de los comienzos, mientras que Cáncer, el nutritivo intuitivo, lidera con profundidad emocional. Libra, el armonizador, busca el equilibrio, y Capricornio, el escalador decidido, emplea estrategias pragmáticas para conquistar los retos.

Fijo: Marcada por el símbolo ⊟, la modalidad Fija significa resistencia, fuerza de voluntad inquebrantable e inclinación a la inflexibilidad. Leo, el sol radiante, exhibe fuerza en la adversidad, mientras que Escorpio, el detective enigmático, canaliza una determinación intensa. Acuario, el visionario, se aferra a ideales innovadores, y Tauro, el guardián de la tierra, se mantiene firme en sus valores.

Mutable: Encarnada por el símbolo ⌣ , la modalidad Mutable encarna la adaptabilidad, la flexibilidad y el ingenio. Sagitario, el explorador filosófico, abraza el cambio con entusiasmo, mientras que Piscis, el místico soñador, fluye con las mareas de la transformación. Géminis, el gemelo comunicativo, cambia de perspectiva sin esfuerzo, y Virgo, el perfeccionista analítico de , se adapta con meticuloso cuidado.

MODALITY	SYMBOL	FIRE SIGNS	WATER SIGNS	AIR SIGNS	EARTH SIGNS
Cardinal		Aries	Cancer	Libra	Capricorn
Fixed		Leo	Scorpio	Aquarius	Taurus
Mutable		Sagittarius	Pisces	Gemini	Virgo

Desvelar la dinámica elemental

El antiguo filósofo Empédocles, en las profundidades del siglo V a.C., dejó una huella indeleble al identificar los elementos fundacionales del fuego, la tierra, el aire y el agua. Pintó un vívido retrato del universo como una sinfonía compuesta por dos fuerzas opuestas -amor y lucha- que moldean estos elementos en intrincadas amalgamas que dan origen al diverso tapiz de la existencia. Dentro de este ballet cósmico, cada elemento se erige como una entidad igual, coronada con su propio reino e imbuida de su esencia única. Empédocles postulaba intrigantemente que quienes nacían con un equilibrio casi igual de estos elementos solían poseer una inteligencia elevada y percepciones extraordinariamente precisas, una noción que sigue intrigando a las mentes modernas.

Esta clasificación elemental atrae el término "triplicidades", acuñado por la exquisita correlación entre cada elemento clásico y un conjunto de tres signos zodiacales. Así, los elementos fuego, tierra, aire y agua convergen armoniosamente con estas constelaciones astrológicas, formando una interacción perfecta de energías cósmicas. Además, los cuatro elementos astrológicos ofrecen un interesante paralelismo con los cuatro tipos de personalidad que Hipócrates postuló en su día: el aire se asemeja al sanguíneo, el fuego refleja al colérico, la tierra encarna al melancólico y el agua refleja al flemático. Desde una perspectiva contemporánea, los elementos no se perciben como meros símbolos aislados, sino como la esencia misma que moldea las experiencias humanas, un concepto encapsulado en las exhaustivas palabras clave que se presentan en la tabla siguiente.

En la astrología moderna, el papel de los elementos ha cobrado importancia. Muchos astrólogos inician su viaje hacia la interpretación de la carta natal escudriñando el equilibrio elemental incrustado en las colocaciones planetarias, especialmente en los signos ascendentes del Sol y la Luna, así como en los ángulos estratégicos de la carta. Este análisis elemental sirve como brújula de navegación, guiándonos a través de la intrincada danza de energías que dan forma a nuestra existencia cósmica. Al contemplar esta sinfonía elemental, percibimos una armonía atemporal que subraya la intrincada conexión entre el microcosmos del individuo y el macrocosmos del universo.

POLARITY	ELEMENT	SYMBOL	KEYWORDS	SIGN TRIPLICITY
Positive	Fire	△	Assertion, drive, willpower	Aries, Leo, Sagittarius
	Air	△	Communication, socialization, conceptualization	Gemini, Libra, Aquarius
Negative	Earth	▽	Practicality, caution, material world	Taurus, Virgo, Capricorn
	Water	▽	Emotion, empathy, sensitivity	Cancer, Scorpio, Pisces

Polaridad positiva: Fuego y Aire

El reino de la polaridad positiva es un reino de afirmación, propulsión y fuerza de voluntad vibrante. Aquí, el fuego arde con fuerza, infundiendo a Aries, Leo y Sagitario un espíritu ardiente, un impulso insaciable y el valor para abrir nuevas fronteras. Simultáneamente, el aire se arremolina con elegancia a través de Géminis, Libra y Acuario, nutriendo los dominios de la comunicación, la socialización y el pensamiento abstracto. Estos signos resuenan con la vitalidad del flujo efervescente de la vida y abrazan el mundo con un espíritu entusiasta.

Polaridad negativa: Tierra y Agua

En el reino de la polaridad negativa, las mareas de energía se manifiestan como practicidad, sensibilidad y arraigo. La Tierra, representada por Tauro, Virgo y Capricornio, encarna una conexión firme con el mundo material, enraizándose en los reinos de la estabilidad, la precaución y la manifestación tangible. El Agua, que fluye a través de Cáncer, Escorpio y Piscis, envuelve a estos signos en los reinos de la emoción, la empatía y la sensibilidad profunda. Estos signos encarnan las profundidades de la experiencia humana, fluyendo a través de las corrientes de la intuición y la conexión empática.

Cuando las corrientes cósmicas de polaridades positivas y negativas se entremezclan con los cuatro elementos fundamentales, se despliega un gran tapiz de existencia. Este delicado equilibrio, donde las llamas de la afirmación se encuentran con las brisas de la comunicación y la solidez de la tierra se funde con las profundidades de la emoción, presenta un retrato holístico de la experiencia humana. En esta intrincada red, cada signo encuentra su hogar, guiado por su brújula elemental, en medio de la danza siempre cambiante de las energías cósmicas.

Navegar por el dominio celestial
Dominios y dignidades

En la intrincada red de la astrología, la interacción entre los cuerpos celestes, los signos zodiacales y las casas revela una sinfonía de relaciones que dirigen el curso de nuestros destinos. La regencia es un faro de conexión que une a los planetas con sus signos y casas correspondientes en una danza de influencia cósmica. La base de estas alianzas reside en la alineación de la naturaleza fundamental de los planetas con la esencia de los signos que supervisan.

Los regentes convencionales forjan un puente elocuente entre las entidades celestiales y sus reflejos terrenales. Esta armonía cósmica emerge en la forma de Aries, guiado por el poder marcial de Marte, Tauro, que disfruta del tierno abrazo de Venus, y Géminis, que es el dominio de la destreza intelectual de Mercurio. La danza etérea continúa con Cáncer acunado por el abrazo lunar, Leo irradiando la esencia solar y Virgo bajo la tutela de la delicadeza analítica de Mercurio. Libra florece en el reino venusino, Escorpio se adentra en el dominio transformador de Plutón y Sagitario se eleva bajo la mirada expansiva de Júpiter. Capricornio se asienta en el dominio estructurado de Saturno, Acuario prospera con la presencia electrizante de Urano y Piscis se deja envolver por el toque soñador de Neptuno.

En el antiguo tapiz de la astrología, la dignidad y el detrimento crean una exquisita interacción que moldea la influencia de los planetas en cada signo. El concepto de dignidad esencial postula que los planetas son más potentes en ciertos signos debido a una resonancia armoniosa entre su naturaleza intrínseca y los atributos del signo. Un planeta gana fuerza y se dignifica cuando ocupa el signo que rige, como la Luna que reina en Cáncer, irradiando poder. A la inversa, la energía de un planeta se debilita o cae en detrimento cuando se encuentra en el signo opuesto al que rige, como la influencia disminuida de la Luna en Capricornio. Esta intrincada danza de dignidad y detrimento dibuja un retrato de la dinámica cósmica que da forma a las interpretaciones astrológicas.

La exaltación y la caída revelan otros matices del viaje planetario. La exaltación eleva la influencia de un planeta cuando ocupa un signo concreto, confiriéndole un estatus digno, justo por debajo del de regente. Es como ser un invitado de honor, en el centro del escenario, pero limitado en potencia. Saturno se eleva en Libra, el Sol encuentra majestuosidad en Aries, Venus florece en las aguas de Piscis y la Luna irradia en el abrazo de Tauro. Pero la otra cara de la moneda surge con la noción de otoño, cuando un planeta se sitúa en el signo opuesto a su exaltación. Esta posición significa un estado debilitado, que amplifica el delicado equilibrio entre la influencia celeste y los resultados terrestres.

En la sinfonía de la astrología, el dominio, la dignidad y el detrimento armonizan, evocando la gran orquestación de energías cósmicas que componen la narrativa de nuestras vidas. A medida que los planetas surcan los cielos, imprimen su esencia en los signos que tocan, grabando la poesía del destino en el lienzo de la existencia.

Sol

Con un emblema real que representa su brillo, el Sol encuentra su cenit en el signo de Leo, disfrutando de su majestuoso reinado. Aquí, la energía del Sol resuena con mayor potencia, como un faro de luz y vitalidad. Sin embargo, a medida que el Sol viaja a través de Acuario, su influencia disminuye, encontrando una disminución de la dignidad. La exaltación del Sol se despliega en Aries, donde irradia un vigor ardiente, pero en el nadir de Libra, la potencia del Sol decae.

Luna

Guiando las mareas de las emociones, la Luna abraza Cáncer con gracia maternal, alcanzando su cenit de influencia. Sin embargo, su viaje a través de Capricornio trae consigo una disminución de su dignidad, provocando un ligero descenso de su energía nutritiva. La exaltación de la Luna brilla en Tauro, donde florecen las emociones, pero Escorpio marca su caída, velando sutilmente su esencia nutricia.

Mercurio

Mercurio, el mensajero alado, afirma su dominio sobre Géminis y Virgo, elevándose con mayor dignidad en su casa del pensamiento y la comunicación. Sin embargo, a medida que atraviesa Sagitario y Piscis, su poder disminuye en el reino de la filosofía y los sueños. Virgo se convierte en el escenario de la exaltación de Mercurio, donde florece su destreza analítica, mientras que Piscis sirve como su caída, impidiendo la claridad del pensamiento.

Venus

En el terreno del amor y la belleza, Venus encuentra su digna morada en Libra y Tauro, tejiendo conexiones armoniosas y sensualidad. Aries y Escorpio marcan el dominio de su detrimento, donde el equilibrio entre pasión y armonía es inestable. Piscis exalta a Venus en un abrazo romántico, mientras que la precisión de Virgo se convierte en su caída.

Marte

Marte, el planeta guerrero, se impone en Aries y Escorpio, ejerciendo una mayor influencia en temas de acción y transformación. Libra y Tauro representan sus casas de decrecimiento, donde el conflicto y la energía encuentran una expresión menos armoniosa. La exaltación de Marte se despliega en Capricornio, donde reina la ambición disciplinada, mientras que Cáncer marca su caída, velando su energía asertiva.

Júpiter

La energía expansiva de Júpiter prospera en Sagitario y Piscis, mientras se embarca en un viaje de crecimiento filosófico e iluminación espiritual. A medida que danza a través de Géminis y Virgo, su influencia se contrae, disminuyendo su potencial de expansión. La exaltación de Júpiter irradia en Cáncer, alimentando un crecimiento benévolo, mientras que Capricornio simboliza su caída, frenando sus tendencias expansivas.

Saturno

Saturno, el severo maestro del cosmos, encuentra su digno dominio en Capricornio y Acuario, encarnando la disciplina y la estructura. A medida que atraviesa Cáncer y Leo, su influencia se debilita, cuestionando su papel en la crianza y la autoexpresión. Libra se convierte en el trono exaltado de la sabiduría de Saturno, pero su poder disminuye en la caída de Aries.

Libros planetarios e influencias cósmicas

En las páginas de los "libros planetarios", un género que surgió a mediados del siglo XV en la región alemana de Alemana, se traza meticulosamente la interacción cósmica de los planetas ptolemaicos y la existencia humana. Estos tratados, adornados con intrincadas ilustraciones, ofrecen una visión de la influencia de cada planeta sobre los nacidos "bajo su reinado". A medida que estos manuscritos proliferaron, se convirtieron en un emblema de la fascinación del Renacimiento alemán por la iconografía celeste, extendiendo su impacto hasta bien entrado el siglo XVII.

En el intrincado mundo de la astrología, donde los cuerpos celestes tejen una danza cósmica, el concepto de dignidad accidental emerge como una faceta crucial en el tapiz de la interpretación. A diferencia de la dignidad esencial, que se deriva de la posición zodiacal de un planeta, la dignidad accidental es la "capacidad de actuar" del planeta, influida por la posición de su casa en la carta examinada. Esta intrincada interacción entre la dignidad esencial y la accidental aporta profundidad y complejidad al análisis astrológico.

Por ejemplo, imaginemos la Luna en Cáncer, dignificada por su regencia, pero confinada en la casa 12, una morada que silencia su expresión. Las casas cadentes, incluyendo la 3ª, 6ª y 9ª, junto con la 12ª, se consideran débiles o afligidas, lo que dificulta la eficacia del planeta. Por el contrario, la Luna en las casas 1ª, 4ª, 7ª o 10ª ejerce una mayor influencia, residiendo en casas angulares que amplifican su capacidad de acción. Los planetas situados en casas sucesorias como la 2ª, 5ª, 8ª y 11ª exhiben una potencia moderada. La dignidad accidental profundiza en cómo un planeta manifiesta su energía en función de su posición en la carta, ofreciendo una capa dinámica de conocimiento.

La distinción entre dignidad accidental y esencial refleja el contraste entre la naturaleza inherente de un planeta y su capacidad para expresar esa naturaleza. Consideremos un anillo valioso como significante en una pregunta horaria. Aunque posee una buena dignidad esencial debido a su valor, su dignidad accidental podría verse disminuida si se pierde, un ejemplo conmovedor de cómo las circunstancias pueden influir en el poder de acción de un planeta.

La dignidad accidental puede otorgarse a un planeta por varias vías. En particular, un planeta gana dignidad accidental cuando se sitúa en un ángulo: Ascendente, Medio Cielo, Descendente o CI. Además, el movimiento directo y la rapidez aumentan la dignidad accidental de un planeta, al igual que la liberación de la combustión o estar en cazimi, un abrazo celestial con el Sol. Cuando un planeta forma un aspecto armonioso con un planeta afortunado o se alinea con una estrella fija benévola, su dignidad accidental aumenta.

En astrología horaria y electoral, la dignidad esencial y accidental sirve de estrella guía. Iluminan la potencia de los planetas y guían a los profesionales a través de los laberínticos entresijos de la interpretación. La combinación de estas dignidades desvela la matizada interacción entre las energías cósmicas y los destinos humanos, convirtiendo la carta astrológica en un profundo mapa de posibilidades.

Clasificación de la maestría

En el intrincado tapiz de la astrología, existen clasificaciones adicionales que profundizan nuestra comprensión de las profundas complejidades del zodíaco. Una de estas clasificaciones es la división de cada signo zodiacal en tres segmentos distintos de 10° conocidos como decanos o decanatos. Aunque estas divisiones han perdido importancia en el discurso astrológico contemporáneo, su significado histórico sigue siendo inestimable. Se cree que el primer decanato, que resuena armoniosamente con la naturaleza central de su signo matriz, encierra la esencia de ese signo de la forma más enfática. Gobernado por el regente del signo, posee una energía única y potente.

El decanato siguiente entra en el reino del signo adyacente, llevando el subreino del planeta que rige el signo siguiente dentro de la misma triplicidad. Esta influencia transitoria altera sutilmente la expresión de las características del signo, permitiendo que emerja un espectro de matices. Completando este trío, el último decanato está bajo la influencia del siguiente signo en secuencia dentro de la misma triplicidad. Esta disposición secuencial teje una narrativa de evolución continua, en la que las energías transitan y se transforman a la perfección de un decanato al siguiente.

Profundizando en la sinfonía del zodíaco, la combinación de elemento y modalidad proporciona otra capa de clasificación. Aunque el elemento y la modalidad de un signo definen intrínsecamente su naturaleza esencial, estos rasgos pueden agruparse para transmitir un simbolismo más amplio. El cuarteto inicial de signos -Aries, Tauro, Géminis y Cáncer- constituye el dominio de los signos personales. Aquí, el énfasis se pone en el autodescubrimiento, la identidad personal y el viaje de crecimiento del individuo.

Al pasar al siguiente grupo (Leo, Virgo, Libra y Escorpio), nos encontramos con la esfera de los signos interpersonales. Estos signos profundizan en las relaciones, la comunicación y la intrincada danza entre uno mismo y los demás. Este cuadrante profundiza en la dinámica de las asociaciones, las interacciones y las sutilezas de la conexión humana.

Finalmente, el último segmento -Sagitario, Capricornio, Acuario y Piscis- abarca el reino de los signos transpersonales. Estos signos van más allá del individuo y se adentran en la conciencia colectiva, abrazando ideales y conceptos universales. Destacan los temas de la espiritualidad, la empatía y el altruismo, ya que estos signos exploran la interconexión de todos los seres y el tejido cósmico que nos une.

SIGN	SYMBOL	SUN START DATES	SUN SIGN END DATES	IPTIC LONGIT' (a ≤ λ < b)	HOUSE	POLARITY
ARIES	♈□	21 March	20-apr	0° to 30°	1	Positive
TAURUS	♉□	21 April	21 May	30° to 60°	2	Negative
GEMINI	♊□	22 May	21 June	60° to 90°	3	Positive
CANCER	♋□	22 June	23 July	90° to 120°	4	Negative
LEO	♌□	24 July	23 August	120° to 150°	5	Positive
VIRGO	♍□	24 August	23 September	150° to 180°	6	Negative
LIBRA	♎□	24 September	23 October	180° to 210°	7	Positive
SCORPIO	♏□	24 October	22 November	210° to 240°	8	Negative
SAGITTARIUS	♐□	23 November	21 December	240° to 270°	9	Positive
CAPRICORN	♑□	22 December	20 January	270° to 300°	10	Negative
AQUARIUS	♒□	21 January	19 February	300° to 330°	11	Positive
PISCES	♓□	20 February	20 March	330° to 360°	12	Negative

SIGN	SYMBOL	MODALITY	TRIPLICITY	NORTH	SOUTHERN	MODERN RULER	CLASSIC
ARIES	♈□	Cardinal	Fire	Spring	Autumn	Mars	
TAURUS	♉□	Fixed	Earth	Spring	Autumn	Venus	
GEMINI	♊□	Mutable	Air	Spring	Autumn	Mercury	
CANCER	♋□	Cardinal	Water	Summer	Winter	Moon	
LEO	♌□	Fixed	Fire	Summer	Winter	Sun	
VIRGO	♍□	Mutable	Earth	Summer	Winter	Mercury	
LIBRA	♎□	Cardinal	Air	Autumn	Spring	Venus	
SCORPIO	♏□	Fixed	Water	Autumn	Spring	Pluto (or)	Mars
SAGITTARIUS	♐□	Mutable	Fire	Autumn	Spring	Jupiter	
CAPRICORN	♑□	Cardinal	Earth	Winter	Summer	Saturn	
AQUARIUS	♒□	Fixed	Air	Winter	Summer	Uranus	Saturn
PISCES	♓□	Mutable	Water	Winter	Summer	Neptune	Jupiter

Comprender las fuerzas planetarias
Mensajeros celestiales de influencia

En el vasto tapiz del cosmos, los mensajeros celestiales conocidos como planetas ocupan un lugar central, encarnando profundas fuerzas cósmicas que se entrelazan intrincadamente con cada faceta de nuestras vidas. Estos vagabundos, cada uno una entidad única en el ballet cósmico, sirven de conducto para las energías universales que dan forma a nuestra experiencia humana. En sus incesantes órbitas, comunican mensajes significativos y transmiten energías distintas que resuenan en diversos aspectos de nuestra existencia.

Imaginemos a los planetas como emisarios, cada uno con un manto de simbolismo y significado. Como los personajes de una gran obra de teatro, portan narrativas de propósito e influencia que nos guían a través de la intrincada danza de la vida. Cada planeta maneja su propio juego de teclas, tocando acordes que resuenan en nuestras almas y agitan nuestras motivaciones, aspiraciones y acciones. Al igual que un músico experto puede evocar emociones a través de las notas del piano, los planetas tocan acordes dentro de nosotros, preparando el escenario para nuestras experiencias.

A través de la lente de la astrología, decodificamos estos arquetipos planetarios para descubrir el funcionamiento interno de nuestras motivaciones, deseos y los acontecimientos que dan forma a nuestra realidad. Al comprender las energías únicas asociadas a cada enviado celeste, obtenemos una visión profunda del intrincado tapiz de nuestra propia naturaleza. La danza de los planetas influye en la sinfonía cósmica de nuestras vidas, impulsándonos a explorar nuestros potenciales, afrontar los retos y navegar por las corrientes de la existencia con mayor conciencia.

En esta exploración de las influencias de los planetas, no sólo adquirimos conciencia de nosotros mismos, sino también una conexión más profunda con la grandeza del universo. Cada planeta pinta su trazo sobre el lienzo de nuestras vidas, contribuyendo a la obra maestra que es nuestro viaje. Al adoptar sus enseñanzas y alinearnos con sus energías, armonizamos con el ritmo del cosmos, permitiendo que los mensajeros celestiales nos guíen en un viaje de autodescubrimiento, crecimiento y transformación.

El panteón planetario

En el ballet celestial del cosmos, los planetas desempeñan su papel de deidades cósmicas, cada una intrincadamente entretejida en el tejido de la existencia humana. Estos seres planetarios, que llevan los nombres de antiguos dioses y encarnan sus atributos únicos, imparten profundos conocimientos sobre los reinos de la emoción, el comportamiento y el destino humanos. Al embarcarnos en un viaje a través del panteón planetario, descubrimos el rico tapiz de conexiones que dan forma a nuestras vidas, tanto en el plano terrenal como en el celestial.

Sol: El Sol radiante

Irradiando su brillo a través de culturas y épocas, el Sol es Sol, Helios, Shamash y Surya, el portador de luz y vida. Al igual que el carro de Apolo surca los cielos, los poderosos rayos de Ra atraviesan la oscuridad, iluminando el camino de la adivinación y la profecía. El Sol no es sólo un cuerpo celeste, sino la encarnación del ego, el propósito y la vitalidad, un faro de inspiración que nos guía hacia nuestra verdad e identidad interiores.

Luna: La enigmática Luna

Selene, Sin, Chandra: la Luna encanta con su brillo plateado, evocando el espíritu cazador de Artemisa y la sabiduría celestial de Khonsu. Mientras Diana vaga por la noche, la Luna refleja nuestras mareas emocionales, alimentando nuestras conexiones más profundas y nuestros instintos maternales. Las fases de Luna reflejan el flujo y reflujo de nuestras vidas, proyectando su brillo etéreo sobre nuestros sueños y sentimientos más íntimos.

Mercurio: El veloz mensajero

Conocido por muchos nombres -Hermes, Nabu, Budha, Thoth-, Mercurio teje el tapiz de la comunicación a través de las culturas. Mercurio, el mensajero de los dioses, nos guía a través de los reinos del intelecto, el ingenio y la astucia. Como patrón divino de los viajes y el comercio, Mercurio otorga su bendición a nuestros intercambios, garantizando que las ideas y los pensamientos fluyan libremente como las rápidas corrientes de su danza cósmica.

Venus: La diosa del amor

Afrodita, Inanna, Shukra: Venus reina en los dominios del amor, el romance y la estética. Venus, la diosa de la belleza, la fertilidad y el deseo, potencia nuestras relaciones y esfuerzos artísticos. Al igual que el toque nutritivo de Hathor y el encanto de Isis se entrelazan, Venus enciende las llamas de la pasión, evocando emociones que transforman el lienzo del corazón en una obra maestra del amor.

Marte: El espíritu guerrero

Ares, Nergal, Mangala: la ardiente esencia de Marte encarna el arquetipo del guerrero, convocando el espíritu de batalla y conquista. Nacido de la fuerza de la Tierra, Marte incita nuestro impulso, agresividad y determinación. Este general celestial, hijo de la tierra, enciende nuestras pasiones, nuestra fortaleza y la energía asertiva que alimenta nuestros esfuerzos.

Júpiter: El Rey Benévolo

Jove, Dias, Marduk, Guru: la jovial majestuosidad de Júpiter reina como una presencia real. Gobernante y padre entre los dioses, Júpiter emana sabiduría, expansión y fortuna. Las enseñanzas divinas de Brihaspati resuenan en la guía de Júpiter, alimentando nuestra suerte y espiritualidad. Mientras este mentor cósmico moldea nuestro crecimiento, la danza jovial de Júpiter enciende las chispas del optimismo y la expansión.

Saturno: La Parca Eterna

Cronos, Kajamanu, Shani-Saturno, el dios de la agricultura, se manifiesta como el guardián cósmico del tiempo y del karma. Con la sabiduría de la edad, Saturno administra la disciplina, la estructura y las consecuencias inevitables de la vida. La mano justa de Shani Dev nos guía a través de las dificultades, fomentando la ambición y la paciencia, a la vez que moldea nuestros destinos con lecciones de resistencia y honor.

Urano: el innovador cósmico

Ouranos, Anshar, Aruna-Urano se erige como el innovador del zodíaco, encendiendo la excentricidad, la originalidad y el cambio. Carruaje del Sol, Urano desafía las convenciones y electriza nuestras vidas con transformaciones inesperadas. En su danza celestial, Urano otorga los dones de la revolución y la liberación, encendiendo los fuegos del cambio que iluminan nuestro viaje.

Neptuno: El viajero místico

Poseidón, Enki, Varuna-Neptuno, el dios del mar, nos adentra en el reino de los sueños, las ilusiones y lo invisible. Al igual que

Khnum moldea la arcilla de nuestro subconsciente, Neptuno nos invita a explorar las profundidades de nuestra psique. A través de sus corrientes acuosas, Neptuno tiende puentes entre la realidad y la fantasía, inspirando la receptividad psíquica y la expresión artística.

Plutón: el regenerador de almas

Plutón, Ereshkigal, Yama-Plutón, el señor del inframundo, encarna los ciclos de la muerte y el renacimiento. Guardián del abismo, Plutón nos adentra en los misterios de la transformación, ejerciendo su poder para desvelar verdades ocultas. Con la guía de Osiris, Plutón ahonda en nuestras fuerzas subconscientes, invitándonos a desprendernos de lo viejo y abrazar lo nuevo, fomentando nuestra evolución espiritual.

Legados planetarios y rasgos humanos

Los planetas ptolemaicos legan sus rasgos distintivos a sus hijos terrestres, creando un mosaico de atributos humanos que reflejan a sus patrones celestes. El legado de Saturno confiere laboriosidad, melancolía y tranquilidad. La gracia de Júpiter infunde encanto y predilección por la caza. La influencia de Marte engendra el espíritu del soldado y el arte del guerrero. Los radiantes rayos del Sol regalan los reinos de la música y el atletismo. La tierna Luna lega timidez y un corazón tierno. Mercurio encarna la prudencia, la astucia, el amor y el comercio. Por último, el toque etéreo de Venus despierta el amor y el fervor apasionado.

Alquimia: un puente entre lo celestial y lo terrenal

En el espacio sagrado de la alquimia, la influencia de los planetas no es una mera reliquia histórica, sino un puente que conecta lo cósmico y lo humano. Mientras los alquimistas se esfuerzan por transmutar lo básico en sublime, estas influencias planetarias guían su viaje espiritual, llevándoles a descubrir las verdades ocultas del universo y del ser. Los planetas se convierten en un lenguaje a través del cual los alquimistas conversan con el cosmos, buscando la sabiduría, la transformación y la unidad en su danza eterna.

Desvelar la conversación cósmica
los aspectos planetarios

Los planetas entablan un diálogo celestial a través de un lenguaje de ángulos conocido como aspectos. Estos ángulos, formados por las posiciones de los planetas entre sí y en relación con los puntos clave del horóscopo, permiten comprender la intrincada danza de energías que dan forma a nuestras vidas.

Estos ángulos se miden en grados y minutos de longitud eclíptica, revelando las conversaciones entre los seres celestes. El Ascendente, el Medio Cielo, el Descendente y otros puntos de interés astrológico se unen a este discurso cósmico, marcando momentos de transición y cambio evolutivo en la experiencia humana.

los aspectos astrológicos solían clasificarse como beneficiosos (benéficos) o perjudiciales (maléficos). Sin embargo, la astrología moderna hace menos hincapié en estas distinciones y adopta un enfoque más matizado. Un ejemplo de ello es la exploración de los armónicos astrológicos, una idea defendida por Johannes Kepler en su libro de 1619 "Harmonice Mundi". John Addey continuó esta exploración, contribuyendo a la comprensión de la sutil interacción de los aspectos.

En lo más profundo de los anales de la astrología se encuentra el legado de Ptolomeo, un antiguo sabio cuyas ideas sobre el cosmos siguen dando forma a nuestra comprensión de la danza celeste. Los Aspectos Ptolemaicos, introducidos por Ptolomeo en el siglo I d.C., se erigen como pilares de la sabiduría astrológica, desvelando un tapiz de ángulos que tejen la trama misma de nuestros destinos.

El genio de Ptolomeo reside en su capacidad para destilar las intrincadas relaciones entre los cuerpos celestes en un conjunto de aspectos principales, a menudo denominados Aspectos Ptolemaicos. Estos ángulos, cuidadosamente definidos y refinados por su sabiduría, ofrecen una visión profunda del lenguaje del cosmos. Estos aspectos son conjunción (0°), sextil (60°), cuadratura (90°), trígono (120°) y oposición (180°). Anclados en la precisión matemática, estos aspectos encarnan el antiguo arte de la interpretación celeste.

La belleza de los Aspectos Ptolemaicos reside en su armonía con el círculo cósmico. Divisibles por 10 y distribuidos uniformemente dentro de la esfera celeste de 360°, estos aspectos mantienen un equilibrio y una simetría que resuenan con el orden cósmico. La Conjunción alinea las fuerzas como una sola, el Sextil y el Trígono aportan facilidad y oportunidad, la Cuadratura desafía al crecimiento y la Oposición crea tensión para la reflexión.

Sin embargo, en el laberíntico mundo de la astrología, no hay piedra que no se mueva. El concepto de orbes añade una intrincada capa de interpretación a estos aspectos. Los orbes definen el grado aceptable de separación entre exactitudes para que un aspecto mantenga su influencia. La sabiduría de los orbes se adapta a las necesidades del astrólogo y a las complejidades de la carta, reflejando el arte de la interpretación.

Profundicemos en el fascinante mundo de algunos de los aspectos más fundamentales: Conjunción, Oposición, Sextil, Cuadratura y Trígono.

Conjunción: El abrazo cósmico

Una conjunción, marcada por un ángulo de aproximadamente 0-10°, es un abrazo celestial en el que los planetas se encuentran uno al lado del otro, fusionando sus energías en una fuerza singular. Este aspecto ejerce un inmenso poder, actuando como un amplificador cósmico que intensifica los efectos de los planetas implicados. Es como si los planetas se susurraran sus secretos, fomentando una conexión profunda. Las conjunciones beneficiosas en las que intervienen luminarias como el Sol, Venus y Júpiter pueden otorgar dones de encanto y oportunidades, mientras que las desafiantes en las que participan la Luna, Marte o Saturno pueden presentar obstáculos que superar.

El Stellium

Los cuerpos celestes se alinean para crear configuraciones únicas que tienen un profundo significado astrológico. Una de estas configuraciones es el stellium, una convergencia de tres o más planetas en un estrecho segmento del zodíaco. Este fenómeno cósmico entrelaza las energías de estos planetas, infundiendo a una zona concreta de la carta astral una influencia intensificada y una dinámica compleja.

Esta agrupación crea una concentración de energías que da lugar a un poderoso punto focal en la carta natal de un individuo. Los stelliums son conocidos por magnificar los rasgos asociados a los signos y planetas implicados, amplificando sus efectos en la vida de la persona.

Oposición: Danza de la dicotomía

Una Oposición, que abarca 180°, es una danza cósmica de opuestos que refleja las dualidades de la vida. Este aspecto encarna la tensión y la polarización, obligándonos a navegar a través de fuerzas opuestas. A diferencia de la naturaleza unificadora de una Conjunción, una Oposición posee una cualidad relacional, simbolizando la externalización y la exageración potencial. Es un tango cósmico en el que los planetas entablan un diálogo dramático, y sus energías son esenciales para interpretar las relaciones y los conflictos de una carta.

Sextil: La conversación armoniosa

Un Sextil, formado por un ángulo de 60°, es una conversación armoniosa entre planetas que fomenta la compatibilidad y la facilidad. Es como si dos amigos se sentaran a charlar de corazón a corazón, fomentando la comprensión y la cooperación. Aunque menos intenso que un Trígono, un Sextil ofrece una oportunidad de oro para el crecimiento y la comunicación. Esforzándose un poco, los individuos pueden aprovechar el potencial de este aspecto, mejorando las conexiones entre los diferentes elementos de sus vidas.

Plaza: Forjando vías de crecimiento

Un cuadrado a 90° es un crisol cósmico de tensión que forja caminos de crecimiento. Se asemeja a una encrucijada en la que hay que tomar decisiones importantes, que a menudo implican compensaciones entre oportunidades y retos. Este aspecto puede impulsar a las personas a la acción, animándolas a sortear obstáculos y a tomar decisiones cruciales. Aunque puede crear conflictos internos, la Cuadratura es un catalizador del cambio que nos impulsa a superar las dificultades y a evolucionar.

Trígono: Flujo armónico

Un Trígono, que abarca 120°, bendice las cartas con un flujo armonioso de energía. Es una conexión celestial que significa facilidad, talento y alineación natural. Como una suave corriente que serpentea por el paisaje, un Trígono otorga dones y oportunidades innatos. Es un aspecto de gracia, que sugiere que los acontecimientos se desarrollan sin esfuerzo, a menudo emergiendo de situaciones actuales o pasadas de una manera suave y natural.

ASPECT	CONJUNCTION	OPPOSITION	SQUARE	TRINE	SEXTILE
GLYPH	☌	☍	□	△	✳
ANGLE	0°	180°	90°	120°	60°

Grandes conjuros

A lo largo de la historia, la gran danza entre los planetas clásicos más lentos, Júpiter y Saturno, ha cautivado la imaginación humana como presagio celeste del cambio. La fascinación por estas Grandes Conjunciones tiene raíces profundas, que se remontan a traducciones árabes y manuscritos antiguos que llegaron a Europa, en particular la obra de Albumasar sobre las Conjunciones. Desde finales de la Edad Media hasta el Renacimiento, el encanto de estos presagios celestes encontró un lugar en las reflexiones de eruditos, filósofos e incluso literatos como Dante y Shakespeare.

Las Grandes Conjunciones se producen aproximadamente cada 20 años, trazando una hipnotizante trayectoria retrógrada de unos 120° a través del cielo. Cuando se observan a lo largo del tiempo, estas Conjunciones forman patrones triangulares que se repiten después de cada tercera ocurrencia. Es como si los planetas pintaran triángulos cósmicos en el cielo, un espectáculo visual que regresa a las proximidades de su origen al cabo de unos 60 años. Este fenómeno cíclico, sin embargo, no se alinea del todo con las estrellas fijas debido a un desplazamiento de unos 8°. Además, sólo pueden producirse un máximo de cuatro conjunciones en un mismo signo zodiacal.

Los astrólogos han concedido gran importancia a la colocación de las Grandes Conjunciones dentro de las tres Triplicidades o Trígonos de los signos del Zodíaco. Estos patrones triangulares se asocian con uno de los cuatro elementos, y el inicio de un nuevo Trígono tiene un significado especial, ya que se produce aproximadamente cada 240 años. Cuando se han visitado los cuatro Trígonos, comienza un nuevo ciclo, que marca un acontecimiento cósmico que tiene lugar alrededor de 900 años.

En 1606, el libro de Johannes Kepler, titulado De Stella Nova, ilustraba los Trígonos de las Grandes Conjunciones.

Los astrólogos medievales, utilizando las tablas alfonsinas, calcularon un ciclo de 960 años, teniendo en cuenta el tiempo que tardaban las Conjunciones en pasar de un trígono al siguiente. Sin embargo, si se mide por el regreso de las Conjunciones a la misma ascensión recta en lugar de a la misma constelación, el ciclo es más corto, de unos 800 años, debido a la precesión axial. La duración exacta ha sido objeto de debate; Kepler la estimó en 794 años, lo que supone 40 Conjunciones.

Hasta finales del siglo XVI, la anticipación y la creencia en el poder transformador de estos acontecimientos alimentaron un flujo constante de publicaciones. El año 1583 marcó la Conjunción final en el trígono acuático, lo que desató especulaciones generalizadas sobre cambios apocalípticos. En respuesta, en 1586 se emitió una bula papal contra tales adivinaciones.

ELEMENT	CONJUNCTION 1			CONJUNCTION 2			CONJUNCTION 3		
	SIGN	SYMBOL	ECLIPTIC LONGITUDE	SIGN	SYMBOL	ECLIPTIC LONGITUDE	SIGN	SYMBOL	ECLIPTIC LONGITUDE
FIRE TRIGON	Aries	♈	1 (0° to 30°)	Leo	♌	5 (120° to 150°)	Sagittarius	♐	9 (240° to 270°)
EARTH TRIGON	Taurus	♉	2 (30° to 60°)	Virgo	♍	6 (150° to 180°)	Capricorn	♑	10 (270° to 300°)
AIR TRIGON	Gemini	♊	3 (60° to 90°)	Libra	♎	7 (180° to 210°)	Aquarius	♒	11 (300° to 330°)
WATER TRIGON	Cancer	♋	4 (90° to 120°)	Scorpio	♏	8 (210° to 240°)	Pisces	♓	12 (330° to 360°)

Trigon de fuego:

El arco de fuego comienza con Aries, cuyo símbolo representa al valiente carnero, que atraviesa la eclíptica entre 0° y 30°. A continuación, Leo, el león radiante, toma posición entre 120° y 150°. Por último, Sagitario añade su energía dinámica al trígono de fuego, ardiendo en el cosmos de 240° a 270°. Juntos, estos signos de fuego encienden el espíritu, alimentando la pasión, la inspiración y un entusiasmo insaciable.

Tierra Trigon:

Basado en la estabilidad y el sentido práctico, el Trígono de Tierra comienza con Tauro, simbolizado por el toro firme, que pasta serenamente por la eclíptica de 30° a 60°. Le sigue Virgo, que cuida con elegancia de las bondades de la Tierra entre los 150° y los 180°. Completa este trío elemental Capricornio, que asciende al cenit del cielo de 270° a 300°. A través de estos signos de tierra, la esencia de la manifestación, el crecimiento y el arraigo encuentran su expresión.

Air Trigon:

La cadencia aérea comienza con Géminis, representado por las figuras gemelas en eterna conversación, tendiendo un puente entre los 60° y los 90°. Le sigue Libra, la elegante balanza que oscila armoniosamente entre los 180° y los 210°. Completa este trío etéreo Acuario, el portador de agua, que vierte sabiduría e innovación en la esfera celeste de 300° a 330°. Los signos de aire impregnan la atmósfera de intelecto, comunicación y espíritu de cooperación.

Water Trigon:

Fluyendo con profundidad emocional e intuición, el trígono de agua emerge con Cáncer, el tierno cangrejo, navegando por las corrientes emocionales de 90° a 120°. Le sigue Escorpio, el enigmático escorpión, que se adentra en los misterios de la vida entre los 210° y los 240°. Por último, Piscis, los dos peces que nadan en direcciones opuestas, fusiona los reinos de la realidad y la imaginación de 330° a 360°. Estos signos de agua nos invitan a explorar el reino de los sentimientos, la intuición y el subconsciente.

CAPÍTULO 6
EL MOTOR CÓSMICO - PONER LAS ESTRELLAS EN MOVIMIENTO

NUESTRA CARTA ASTRAL ES LA INTRINCADA COREOGRAFÍA DE NUESTRA VIDA. Es una instantánea de las posiciones celestes en el momento exacto de tu nacimiento, un plano único que pone las estrellas en movimiento dentro de ti. A medida que profundicemos en este capítulo, llegarás a entender la carta astral como el motor cósmico que impulsa tu viaje en este escenario terrenal.

Imagina el universo como un gran escenario y tu carta astral como el guión que define tu papel en la obra cósmica. Del mismo modo que no hay dos actores que interpreten igual a un personaje, tu carta astral revela tu individualidad y tu propósito en este mundo. Es un mapa de tu potencial, una guía de tus puntos fuertes y un reflejo de tus retos.

Su carta natal consta de doce casas, cada una de las cuales representa un área diferente de su vida, y diez planetas, incluidos el Sol y la Luna, cada uno de los cuales encarna energías únicas. Estos planetas residen en los doce signos del zodiaco, cada uno con sus propias cualidades y características. Juntos, estos elementos tejen el rico tapiz de tu personalidad y tu destino.

La carta natal

El arte de calcular cartas natales ha recorrido un largo camino desde sus humildes comienzos. En la antigüedad, los astrólogos elaboraban meticulosamente estos intrincados mapas celestes a mano, utilizando poco más que un transportador y una efeméride, una tabla de posiciones planetarias a lo largo del tiempo. Este minucioso proceso requería una inmensa habilidad y precisión.

Antes de la era digital, la efeméride era la fiel compañera del astrólogo, algo así como un almanaque cósmico. Contenía un tesoro de datos, enumerando las posiciones de los cuerpos celestes para cada día del año. Con este valioso recurso, los astrólogos podían calcular las cartas natales y hacer predicciones astrológicas. Se trataba de una tarea muy laboriosa, con cálculos meticulosos que requerían un profundo conocimiento de la mecánica celeste.

Uno de los aspectos más notables de los cálculos de la carta astral es su sensibilidad al tiempo. La carta astral es como una huella dactilar cósmica, única para cada individuo, y cambia con una velocidad increíble. Cada cuatro minutos, los cuerpos celestes se mueven para formar nuevos ángulos y aspectos. Este rápido movimiento subraya la importancia de una hora de nacimiento precisa.

En la era moderna, la revolución digital transformó el campo de la astrología. Con la llegada de los programas informáticos de astrología, los complejos cálculos que antes se realizaban a mano pasaron a ser casi instantáneos. Los astrólogos y aficionados podían ahora acceder con facilidad a una vasta base de datos celestes. Esta tecnología no sólo hizo más eficaz el proceso, sino que también redujo el margen de error.

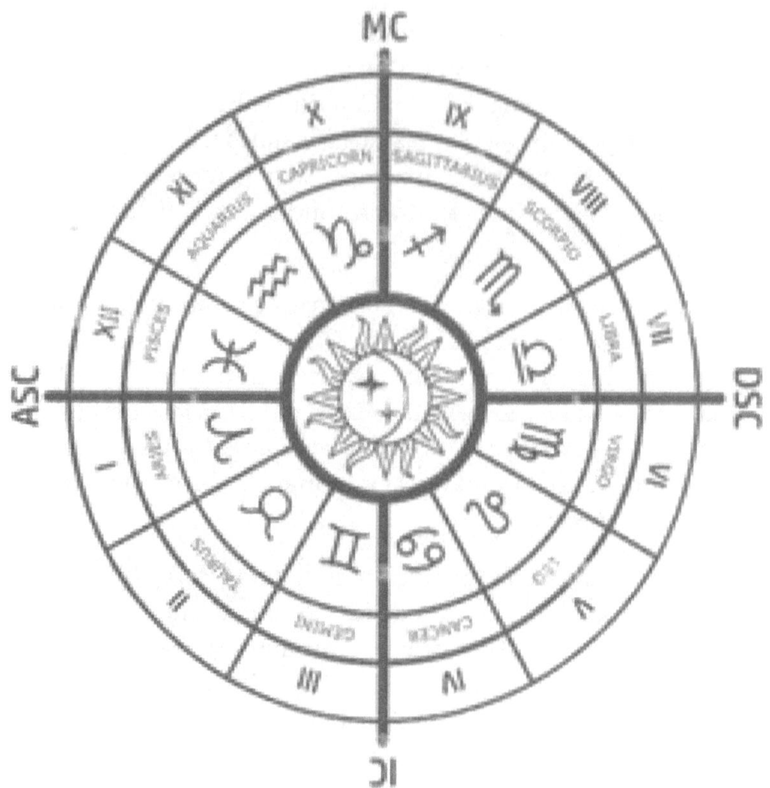

MC
ASC
DSC
IC
X
IX
XI
VIII
XII
VII
I
VI
II
V
III
IV
CAPRICORN
SAGITTARIUS
AQUARIUS
SCORPIO
PISCES
LIBRA
ARIES
VIRGO
TAURUS
LEO
GEMINI
CANCER

La carta está dividida en doce segmentos, llamados casas, cada uno de los cuales representa áreas o temas vitales específicos. Para comprender la línea del horizonte (también conocida como eje Ascendente-Descendente) y la línea del cenit (o eje Medio Cielo-Imum Coeli) de la rueda de la carta natal, exploraremos estos dos ejes significativos:

Línea del Horizonte (Eje Ascendente-Descendente):

La línea del horizonte es un elemento esencial de la carta astral. Representa la línea donde el cielo parece encontrarse con la superficie de la Tierra en el momento de su nacimiento.

- El Ascendente (AC), o Signo Naciente, marca el punto oriental del horizonte. Es el signo que se elevaba en el horizonte oriental en el momento en que naciste.
- El Descendente (DC) es el punto opuesto en el horizonte occidental, que significa el signo que se estaba fijando en su nacimiento.
- El Ascendente, a menudo considerado el punto más importante de la carta, representa cómo te presentas al mundo, tu comportamiento exterior y tu enfoque de la vida.
- El Descendente está asociado a sus interacciones con los demás, especialmente en las relaciones cercanas. A menudo refleja las cualidades que busca en una pareja o cómo se relaciona con los demás de forma individual.

Línea Cenital (Eje Medio Cielo-Imum Coeli):

La línea cenital, también conocida como eje Cielo Medio-Imum Coeli (MC-IC), discurre perpendicular a la línea del horizonte.

- El Medio Cielo (MC) está situado en la parte superior de la carta (posición de las doce en punto), marcando el punto más alto en el cielo en el momento de su nacimiento.

- El Imum Coeli (IC) se sitúa en la parte inferior de la carta (posición de las seis en punto), representando el punto más bajo del cielo.
- El Medio Cielo se asocia con tu carrera, imagen pública, aspiraciones y cómo te presentas en el mundo profesional.
- El Imum Coeli refleja sus raíces, su vida familiar, su entorno doméstico y sus cimientos interiores. Representa su vida privada y personal.

Comprender la línea del horizonte y la línea del cenit en tu carta natal proporciona una valiosa información sobre el equilibrio entre tu vida pública y privada, tus relaciones y tus aspiraciones profesionales. Estos ejes, junto con la colocación de los planetas, los signos zodiacales y las casas, crean un rico tapiz de información que los astrólogos utilizan para proporcionar información sobre su personalidad, su trayectoria vital y sus posibles retos y oportunidades.

La posición del Sol en la carta refleja si era de día o de noche cuando usted nació.

Cuando el Sol está por encima de la línea del horizonte (eje Ascendente-Descendente), simboliza que usted nació durante el día. Esto significa que el Sol era visible en el cielo cuando respiraste por primera vez.

Por el contrario, cuando el Sol está por debajo de la línea del horizonte, representa la noche. Esto indica que usted nació cuando el Sol se había puesto y estaba oscuro en el exterior.

Cenit (Mediodía) y Nadir (Medianoche):

Además del día y la noche, la posición del Sol en relación con la línea del meridiano (eje Cielo Medio-Imum Coeli) permite conocer momentos concretos del día.

Cuando el Sol se encuentra en la parte superior de la carta natal, en la línea del meridiano o cerca de ella (Medio Cielo), significa que el Sol está en su cenit. Esto corresponde al mediodía, cuando el Sol está en su punto más alto en el cielo, y está directamente por encima.

En cambio, cuando el Sol se sitúa en la parte inferior de la carta natal, cerca de la línea del meridiano (Imum Coeli), representa al Sol en su nadir. Esto corresponde a la medianoche, cuando el Sol está en su punto más bajo bajo el horizonte.

Comprender la posición del Sol en tu carta astral con respecto a la línea del horizonte y la línea del meridiano ayuda a los astrólogos a interpretar la hora del día o de la noche y si el Sol estaba en su cenit (mediodía) o nadir (medianoche) cuando naciste. Estos factores añaden profundidad al análisis astrológico y proporcionan información valiosa sobre tu trayectoria vital, tus tendencias y los posibles acontecimientos de tu vida.

(también asc, representa el punto este y desc el punto oeste de los puntos cardinales, cenit es sur y nadir nord)

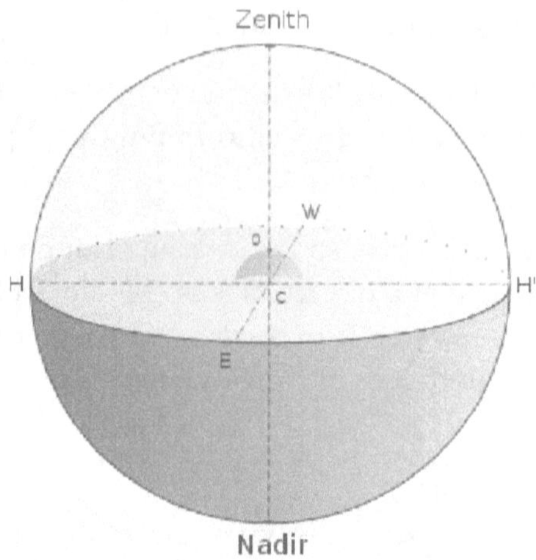

Las 12 casas

Imagine la carta astral como un mosaico cautivador, compuesto por 12 secciones únicas, cada una con su propia y profunda historia que contar. Estos segmentos, conocidos como "casas", no deben confundirse con los signos del zodiaco, aunque ambos comparten el número 12. Las casas ofrecen una perspectiva distinta, una inmersión profunda en las complejidades de su vida. Las casas ofrecen una perspectiva distinta, una inmersión profunda en los entresijos del viaje de tu vida.

Al recorrer la rueda de la carta astral de izquierda a derecha, se embarca en un viaje a través de las distintas casas, cada una de las cuales desvela una faceta única de su existencia. El viaje es como pasar de los aspectos más personales y palpables de la vida a los más abstractos y universales.

He aquí una mirada más de cerca a la transición de una casa a otra, que revela la diversidad de experiencias vitales que encierran:

Casa 1: El yo, la identidad, la apariencia física - Al principio de la carta astral, la casa 1 ocupa un lugar central. Refleja la imagen que tienes de ti mismo, tu identidad y cómo te presentas al mundo, al igual que el sol naciente.

Casa 2: Posesiones materiales, dinero, valores - Avanzando, esta casa profundiza en tu relación con la riqueza material, los valores personales y lo que realmente atesoras.

Casa 3: Compañeros, Comunicación, Hermanos - Aquí, la comunicación, la educación temprana y las interacciones con los hermanos se convierten en los puntos centrales de la narrativa de tu vida.

Casa 4: Hogar, Familia, Orígenes - La 4ª casa descubre las raíces más profundas de tu existencia, incluyendo la dinámica familiar, la vida en el hogar y tu sentido de pertenencia.

Casa V: Creatividad, Romance, Hijos - A medida que progresas, entran en juego la creatividad, los esfuerzos románticos y las alegrías de la paternidad.

Casa 6: Salud, Bienestar, Rutinas - La salud, las rutinas diarias y tu entorno de trabajo adquieren aquí una importancia primordial, afianzándote en el terreno de lo práctico.

Casa VII: Sociedad, Contratos, Matrimonio - Esta casa se centra en las relaciones, las sociedades y la intrincada danza de las conexiones uno a uno.

Casa 8: Herencias, Sexo, Transformación - La transformación profunda, los recursos compartidos y los asuntos de intimidad pasan a primer plano.

Casa IX: Filosofía, viajes, educación superior - Tu búsqueda de conocimiento, espiritualidad y exploración toma vuelo en la casa 9.

Casa 10: Carrera, Legado, Reputación - A medida que te acercas al cenit de la carta, tu carrera, imagen pública y posición social están bajo escrutinio.

Casa 11: Activismo, Tecnología, Humanitarismo - Las amistades, las redes sociales y tu papel en grupos más amplios brillan con fuerza aquí, encendiendo tu pasión por el cambio.

Casa XII: Intuición, Secretos, Espiritualidad - Finalmente, se llega a la enigmática casa 12, reino de la intuición, los asuntos ocultos y las profundidades del subconsciente.

Cada casa es un telón de fondo único para las historias de tu vida. Tanto si un planeta reside en una casa como si no, cada una de ellas desempeña un papel integral en tu narrativa cósmica. Al explorar la intrincada red de su carta natal, descubrirá el rico tapiz de su existencia, tejido por la interacción de estas 12 casas celestiales.

Reunir todo
nterpretar la Carta Natal - Desentrañar el tapiz cósmico

Ahora que ha profundizado en los entresijos de la anatomía de la rueda de la carta natal y comprende el papel de las casas, los planetas y los signos zodiacales, está preparado para embarcarse en el profundo viaje de interpretar el mapa celeste que es su carta natal.

"LA FÓRMULA SIMPLE PERO MÁGICA: PLANETA + SIGNO + CASA

Interpretar la carta astral es como descifrar un código cósmico que desvela los misterios de la narración de la vida. La fórmula de este desciframiento astrológico es refrescantemente sencilla: Planeta + Signo + Casa. Este trío de elementos forma el núcleo del análisis astrológico, proporcionando información sobre lo que significa un planeta, cómo se expresa a través de su signo zodiacal y dónde manifiesta sus energías dentro de las casas de la carta astral.

Desglose de fórmulas

Planeta: El primer componente representa al actor celeste, el planeta, que porta su energía y simbolismo únicos. Ya sea la ardiente motivación de Marte o la sensibilidad intuitiva de la Luna, cada planeta aporta su propia esencia al escenario cósmico.

Signo: el signo zodiacal en el que reside el planeta determina su expresión. Por ejemplo, Marte en Virgo infunde motivación con meticulosidad, mientras que la Luna en Sagitario impregna las emociones con un espíritu de exploración.

Casa: La ubicación de un planeta en una casa proporciona el escenario en el que se canalizan sus energías. Por ejemplo, si Marte en Virgo está en la tercera casa, sugiere que tu impulso y determinación se canalizan a través de tus interacciones, comunicación y entorno inmediato.

Narrativas astrológicas

Con esta fórmula en tu caja de herramientas astrológicas, estarás listo para elaborar narraciones que desvelen el tapiz único de tu carta natal. Cada combinación de planeta, signo y casa forma un hilo narrativo distinto que teje el intrincado tejido de tu yo cósmico.

Por ejemplo:

Un Mercurio en Acuario en la casa 9 puede indicar un estilo comunicativo que se nutre de ideas innovadoras, especialmente en el ámbito de la educación superior o la filosofía.

Venus en Leo en la 5ª casa puede sugerir un don para el romance, la creatividad y una inclinación a ser el centro de atención cuando se trata de asuntos del corazón.

La práctica profundiza

Al embarcarse en su viaje de interpretación de cartas natales, recuerde que la maestría llega con la práctica. No dudes en experimentar con diversas narrativas y hacer observaciones audaces. Las comunidades virtuales, como el Club de las Constelaciones, ofrecen valiosas plataformas para buscar opiniones y compartir puntos de vista, especialmente cuando estás empezando.

Confíe en la sincronización cósmica

Sobre todo, abraza el axioma místico de que "sabrás lo que necesites saber cuando necesites saberlo". Confía en el proceso de comprensión de la astrología, de tu carta astral y de la sabiduría cósmica que encierra. Tu autorrevelación cósmica ocurrirá precisamente cuando deba ocurrir, desvelando las profundas verdades de tu plano celestial único.

otros aspectos de tu yo estelar

El Ascendente es uno de los componentes más importantes de la carta astral. Representa el signo zodiacal que se elevaba en el horizonte oriental en el momento de tu nacimiento. Esto es lo que significa:

- Persona exterior: El Ascendente representa la máscara que llevas cuando interactúas con el mundo. Es tu aspecto exterior, cómo te presentas a los demás y la primera impresión que das a la gente.

- Aspecto físico: Aunque no es un indicador exacto de su aspecto físico, el Ascendente puede proporcionar información sobre su conducta general, lenguaje corporal y estilo.
- Trayectoria vital: Puede ofrecer pistas sobre tu trayectoria vital y las áreas de la vida en las que tomarás la iniciativa. Es como la "puerta de entrada" a tu personalidad.
- Regente de la primera casa: El signo zodiacal de su Ascendente también rige su primera casa. Los planetas situados en esta casa y sus aspectos pueden

proporcionar detalles adicionales sobre su autoimagen e identidad personal.

- Modifica el signo solar: tu Ascendente puede modificar algunos de los rasgos asociados a tu signo solar. Por ejemplo, si eres un Sol de Cáncer con un Ascendente Leo, es posible que muestres cualidades más extrovertidas y seguras de ti mismo que un Cáncer típico.

Nodos Lunares (Nodo Norte y Nodo Sur):

Los Nodos Lunares, a menudo denominados Nodo Norte y Nodo Sur, representan puntos en los que la órbita de la Luna se cruza con la eclíptica (la trayectoria aparente del Sol a través del zodíaco). No son cuerpos celestes reales, sino puntos matemáticos, y encierran importantes conocimientos kármicos y evolutivos:

- Nodo Norte (Rahu): El Nodo Norte representa el camino de crecimiento y evolución de tu alma en esta vida. Señala cualidades, experiencias y comportamientos que necesita desarrollar y adoptar para su crecimiento personal y espiritual. A menudo indica áreas en las que puede enfrentarse a desafíos o sentirse incómodo, pero que son esenciales para su progreso.
- Nodo Sur (Ketu): El Nodo Sur representa tus experiencias y tendencias pasadas de vidas anteriores. Aunque puede significar talentos y habilidades que traes contigo a esta vida, también puede representar patrones y comportamientos que pueden frenarte si te excedes. Se considera tu zona de confort, pero puede obstaculizar tu crecimiento si confías excesivamente en ella.
- Ubicación en signos y casas: Los signos y las casas donde se sitúan tu Nodo Norte y tu Nodo Sur

proporcionan información más específica sobre las áreas de la vida donde se desarrollan estas energías. El signo de tu Nodo Norte a menudo señala cualidades que necesitas desarrollar, mientras que el signo del Nodo Sur indica dónde tienes habilidades naturales.

- Aspectos: Los aspectos (relaciones angulares) entre los Nodos Lunares y otros planetas de su carta pueden proporcionar más información sobre cómo estas energías kármicas interactúan con su personalidad y circunstancias vitales.

- Comprender el Ascendente y los Nodos Lunares de tu carta astral puede profundizar tu autoconocimiento y ofrecerte orientación para el crecimiento personal y el camino de la vida. Ten en cuenta que, aunque la astrología puede aportar información valiosa, es esencial utilizar este conocimiento como una herramienta de superación personal y no como una visión determinista o fatalista de la vida.

Esquemas planetarios

En astrología, un esquema planetario, a menudo denominado "patrón planetario" o "distribución planetaria", es una disposición específica de los planetas dentro de la rueda de la carta astral. Estos esquemas proporcionan información valiosa sobre la personalidad, los puntos fuertes y los retos de un individuo. A continuación se explican algunos de los esquemas planetarios más comunes que se pueden encontrar en una carta astral:

Gran Trino

Descripción: Un gran trígono se forma cuando tres planetas están espaciados uniformemente (a unos 120 grados de distancia) alrededor de la rueda de la carta natal, creando un triángulo equilátero.

Interpretación: Los grandes trígonos se consideran configuraciones armoniosas, a menudo asociadas con talentos naturales y facilidad en las áreas representadas por los elementos implicados (por ejemplo, los signos de agua para la inteligencia emocional). Sin embargo, también pueden indicar una tendencia a la autocomplacencia o a un exceso de confianza en uno mismo.

Cuadrado en T

Descripción: En una cuadratura en T, tres planetas forman un triángulo rectángulo en la carta astral. Dos planetas se oponen entre sí (a 180 grados de distancia) y un tercer planeta forma un ángulo de 90 grados con ambos.

Interpretación: La cuadratura de la T representa áreas de tensión, desafío y crecimiento en la vida de un individuo. La oposición crea una dinámica de tira y afloja, mientras que el aspecto cuadrado intensifica el conflicto. La cuadratura T puede indicar áreas en las que la persona debe trabajar para encontrar el equilibrio y la resolución.

Yod (Dedo de Dios)

Descripción: Una yod es un patrón de aspecto poco común en el que intervienen tres planetas. Dos planetas sextil entre sí (60 grados de distancia), y ambos quincunx (150 grados) un tercer planeta.

Interpretación: Los yods suelen considerarse indicadores del destino o de una misión importante en la vida de un individuo. El planeta en el vértice de la yod representa un punto focal de aprendizaje y crecimiento espiritual. Los yods sugieren la necesidad de integrar áreas de la vida aparentemente inconexas y realizar contribuciones únicas.

Cometa

Descripción: Una cometa es una extensión del patrón del gran trígono. Incluye un cuarto planeta que se opone a uno de los planetas del gran trígono y sextila a los otros dos.

Interpretación: Las cometas combinan la energía armoniosa del gran trígono con el potencial de crecimiento personal y el desafío indicado por la oposición. Pueden significar oportunidades para que los individuos expresen sus talentos y naveguen por las complejidades de la vida.

Cubo

Descripción: Un patrón de cubo se produce cuando todos los planetas se agrupan dentro de la mitad de la carta natal, dejando una mitad vacía desprovista de planetas.

Interpretación: El planeta que se encuentra solo en la mitad vacía se convierte en el "asa" del cubo y conlleva un énfasis significativo. Representa un punto focal para la trayectoria vital y el propósito del individuo. El patrón del cubo sugiere que la energía de la persona se dirige hacia las cualidades y temas del planeta del "asa".

Balancín

Descripción: En un patrón de balancín, los planetas se distribuyen de forma relativamente uniforme a ambos lados de la carta, con un eje de oposición que pasa por el medio.

Interpretación: Los patrones de balancín sugieren un constante acto de equilibrio entre fuerzas o deseos opuestos. El individuo puede experimentar cambios entre diferentes áreas de la vida o cualidades, buscando el equilibrio y la resolución.

Comprender estos esquemas planetarios dentro de una carta astral puede proporcionar una visión más profunda del carácter único de un individuo, sus retos vitales y sus puntos fuertes potenciales. Los astrólogos analizan estos patrones para ofrecer lecturas más matizadas y precisas, guiando a las personas hacia el autoconocimiento y el crecimiento personal.

CAPÍTULO 7
DESVELAR AYER, HOY MAÑANA

HEMOS DESENTRAÑADO EL CÓDIGO CÓSMICO CODIFICADO EN TU CARTA ASTRAL. AHORA VAMOS A PROFUNDIZAR en un aspecto fascinante de la astrología: la capacidad de desvelar no sólo tu pasado y tu presente, sino también de vislumbrar lo que puede depararte el futuro. Esto se consigue combinando la carta astral con las posiciones de los astros en la actualidad y en los días venideros.

Trazar las estrellas hoy

La carta astral es tu huella dactilar cósmica, una instantánea de las energías celestes en el momento de tu nacimiento. Pero, ¿y hoy? ¿Cómo puedes entender la danza cósmica de los planetas y su influencia en tu vida actual?

Aquí es donde entra en juego la astrología de los tránsitos. Los tránsitos tienen que ver con las posiciones actuales de los planetas en el cielo y su relación con los planetas de su carta natal. Al superponer estos planetas en tránsito a tu carta natal, obtienes información valiosa sobre cómo te afectan actualmente las energías cósmicas.

Ayer, hoy, mañana
Entender los tránsitos

Ayer: Perspectivas retroactivas

Al analizar los tránsitos pasados, puede obtener una visión retrospectiva de los acontecimientos importantes de su vida y de

su crecimiento personal. Los tránsitos pasados revelan el telón de fondo cósmico en el que se desarrolló su vida. Por ejemplo, un cambio importante en la vida durante un tránsito de Saturno podría haber implicado lecciones de disciplina y responsabilidad.

Hoy: Navegar por el presente

Los tránsitos actuales ofrecen una visión en tiempo real de las influencias celestes que determinan su vida cotidiana. Por ejemplo, un tránsito de Mercurio hacia su Venus natal podría mejorar la comunicación en sus relaciones o brindarle oportunidades de expresión creativa. Comprender estas influencias le permitirá tomar decisiones informadas y navegar por su vida de forma más consciente.

Mañana: Cosmic Previews

De cara a futuros tránsitos, puede prepararse para posibles temas y oportunidades. Tal vez un tránsito de Júpiter hacia su Sol natal insinúe un periodo de crecimiento y expansión en su vida personal o profesional. Anticiparse a estos avances cósmicos le permite alinear sus intenciones y acciones con el flujo cósmico.

La necesidad de velocidad: comprender la velocidad planetaria en astrología

En astrología, un tránsito es el movimiento de un planeta a través del zodíaco desde su posición en el momento de su nacimiento. Los tránsitos pueden utilizarse para predecir cambios y acontecimientos en tu vida.

Los planetas se mueven a velocidades diferentes, por lo que la duración de un tránsito puede variar. Algunos tránsitos son muy cortos y duran sólo unos días o semanas. Otros pueden durar meses o incluso años.

la velocidad a la que los planetas se mueven por el cielo tiene un profundo significado. La velocidad de los planetas desempeña un papel fundamental a la hora de determinar la profundidad y la naturaleza de su influencia en la carta astral y en los tránsitos que dan forma al viaje de su vida. Desentrañemos la importancia de la velocidad planetaria en el ámbito de la astrología.

En astrología, los planetas se clasifican en dos grandes grupos en función de su velocidad: planetas veloces y planetas lentos. Los planetas veloces, como Mercurio, Venus y Marte, son viajeros veloces a través del zodíaco. A menudo se les denomina planetas personales porque sus movimientos son relativamente rápidos y sus efectos están más ligados a las experiencias individuales.

En cambio, los planetas lentos, como Júpiter, Saturno, Urano, Neptuno y Plutón, son las tortugas cósmicas de la raza celeste. Se mueven a un ritmo glacial, tardando años o incluso décadas en atravesar un solo signo zodiacal. Estos planetas se conocen como planetas generacionales porque sus tránsitos son compartidos por generaciones enteras y tienen un impacto social más amplio.

Al profundizar en el ámbito de los tránsitos, los astrólogos asignan mayor importancia al impacto de los planetas más lentos. ¿Por qué? Los efectos de los planetas lentos son similares a las mareas del océano: graduales, profundos y transformadores a lo largo del tiempo. Estos tránsitos dan forma a las experiencias colectivas y a los cambios sociales, dejando una huella indeleble en la historia.

Aunque los planetas veloces no tengan el mismo impacto duradero que sus homólogos más lentos, sirven como interruptores celestiales en la intrincada maquinaria astral. Sus rápidos movimientos desencadenan y activan configuraciones más complejas en tu carta astral. Estos desencadenantes planetarios preparan el terreno para acontecimientos y experiencias, y a menudo marcan momentos clave en su vida.

En esencia, la velocidad planetaria en astrología es una interacción dinámica entre lo rápido y lo gradual, lo personal y lo colectivo, y lo inmediato y lo duradero. Comprender el papel único de los planetas veloces y lentos enriquece nuestra comprensión de la sinfonía cósmica que da forma a nuestras vidas, ofreciendo valiosas perspectivas sobre nuestro pasado, presente y futuro.

Significado del tránsito planetario

profundicemos en los significados de los tránsitos planetarios para cada uno de los principales actores celestes de la astrología:

Tránsito solar: Cuando el Sol transita por un signo específico de su carta natal, ilumina esa área de su vida. Es un momento para la autoexpresión, la vitalidad y la concentración en los objetivos personales. Sin embargo, también puede poner de relieve tu ego y tus problemas de identidad.

Tránsito lunar: Los tránsitos lunares influyen en su estado emocional y sus instintos. A medida que la Luna se desplaza por los distintos signos, puede influir en su estado de ánimo, sus reacciones y su intuición. Es una pieza clave en tus experiencias emocionales cotidianas.

Tránsito de Mercurio: Los tránsitos de Mercurio afectan a la comunicación, el pensamiento y las actividades intelectuales. Cuando Mercurio transita por un signo, es un momento excelente para la claridad mental, el aprendizaje y la expresión eficaz de tus pensamientos.

Tránsito de Venus: Venus rige el amor, las relaciones, la belleza y la estética. Sus tránsitos pueden traer oportunidades románticas, armonía social y un deseo de indulgencia. Sin embargo, también pueden poner de relieve cuestiones relacionadas con la autoestima y el materialismo.

Tránsito de Marte: Marte es el planeta de la acción, la energía y la asertividad. Sus tránsitos pueden inspirar coraje, ambición e impulso para perseguir tus objetivos. Por otro lado, también pueden provocar impulsividad y conflictos.

Tránsito de Júpiter: Júpiter representa la expansión, el crecimiento y las oportunidades. Sus tránsitos suelen traer suerte, optimismo y sensación de abundancia. Se asocian con el desarrollo personal y espiritual, así como con experiencias de aprendizaje.

Tránsito de Saturno: Los tránsitos de Saturno tienen que ver con la disciplina, la responsabilidad y la estructura. Pueden ser desafiantes, ya que pueden traer obstáculos y limitaciones. Sin embargo, también ofrecen oportunidades para el crecimiento personal, la madurez y el éxito a largo plazo.

Tránsito de Urano: Urano es el planeta del cambio, la innovación y lo impredecible. Sus tránsitos pueden sacudir tu vida, aportando ideas repentinas, avances y un deseo de libertad. Suelen estar asociados a acontecimientos inesperados.

Tránsito de Neptuno: Neptuno representa los sueños, la intuición y la espiritualidad. Sus tránsitos pueden inspirar creatividad, imaginación y un anhelo de un significado más profundo. También pueden crear confusión, ilusión y la necesidad de abordar cuestiones relacionadas con el escapismo.

Tránsito de Plutón: Plutón está asociado con la transformación, el poder y la regeneración. Sus tránsitos pueden conducir a profundos cambios internos y externos, a menudo implicando dejar ir lo viejo para dar paso a lo nuevo. Pueden ser intensos y transformadores.

Estos tránsitos planetarios interactúan con las posiciones de los planetas en su carta natal, creando un tapiz cósmico único de influencias. Los astrólogos examinan estos tránsitos para comprender mejor las oportunidades y los retos de la vida, así como el calendario de los acontecimientos importantes. Tenga en cuenta que los efectos específicos de un tránsito dependen de los planetas implicados, los signos por los que transitan y sus aspectos con otros planetas de su carta.

CONCLUSIÓN
TU CAMINO EMPIEZA AHORA

AL LLEGAR A LA CULMINACIÓN DE ESTE VIAJE CELESTIAL por el mundo de la astrología, es hora de reflexionar sobre el camino recorrido y los conocimientos adquiridos. Nos embarcamos en este viaje para desentrañar los misterios de las estrellas, comprender el impacto de la astrología en nuestras vidas y descubrir el poder transformador que encierra.

En el capítulo 1, nos adentramos en los retos de vivir una vida sin astrología. Exploramos el vacío que deja, las oportunidades perdidas de autoconocimiento y el miedo a lo desconocido que a menudo la acompaña.

El capítulo 2 iluminó el potencial de transformación personal. Al convertirte en un "Starchild", aprendiste cómo la astrología puede desbloquear tu poder interior, proporcionándote información sobre tu verdadero yo y tu camino único en la vida.

El capítulo 3 nos permitió profundizar en la historia y la esencia de la astrología. Desveló la rica historia de este antiguo arte y cómo ha evolucionado hasta convertirse en una guía atemporal para comprender el cosmos.

En el capítulo 4, nos adentramos en los aspectos fundamentales de la astrología. Comprendiste el significado de los planetas, los signos zodiacales y las casas, y adquiriste los conocimientos necesarios para descifrar tu carta astral.

El capítulo 5 hizo hincapié en el papel fundamental que desempeña la carta natal en la puesta en movimiento de los astros. Con la carta natal como brújula, conectamos los puntos entre planetas, signos y casas, revelando el intrincado tapiz de tu vida.

El capítulo 6 introdujo el fascinante mundo de los tránsitos, la clave para comprender el pasado, el presente y el futuro. Exploró cómo los movimientos planetarios influyen en su vida, ofreciéndole perspectivas sobre sus experiencias y desafíos.

Ahora, en este capítulo final, tu viaje por el mundo de la astrología ha llegado a su comienzo. Armado con la sabiduría adquirida en estos capítulos, se encuentra en el umbral de una nueva fase de la vida, una llena de autoconocimiento, empoderamiento y maravillas cósmicas.

Su camino comienza ahora. Armado con los conocimientos de la astrología, estarás mejor preparado para navegar por los vericuetos de la vida. Tienes las herramientas para liberar tu potencial, aceptar el cambio y conectar con el ritmo del universo.

A medida que continúe su exploración de la astrología, recuerde que este antiguo arte no sólo trata de las estrellas de arriba, sino también de las estrellas de su interior. Tu carta astral es una hoja de ruta para el autodescubrimiento, una guía para tomar decisiones conscientes y un recordatorio de que eres parte integrante de la danza cósmica.

Tu viaje por el cosmos no ha hecho más que empezar. Que las estrellas iluminen para siempre tu camino mientras te embarcas en una vida llena de propósito, significado y maravillas cósmicas sin límites. El universo espera tus próximos pasos y tu destino está en tus manos. Tu camino comienza ahora, y es un viaje de autodescubrimiento, crecimiento y posibilidades infinitas.

¿Y ahora?

Al embarcarte en tu viaje por el mundo de la astrología, es esencial que recuerdes que el conocimiento adquiere su verdadero poder a través de la aplicación. La sabiduría que has adquirido en estos capítulos no está destinada a permanecer latente, sino a integrarse activamente en tu vida.

Para facilitar esta integración y ayudarte a poner en práctica la teoría, he incluido una serie de cartas natales de ejemplo en las páginas siguientes. Estas cartas te servirán como valiosas herramientas para aplicar los conocimientos que has adquirido a lo largo de este libro.

En cada ejemplo, tendrás la oportunidad de explorar los matices de diferentes cartas natales, descifrar las posiciones de los planetas, signos y casas, y obtener una comprensión más profunda de los individuos que hay detrás de estas cartas. Analizando estos ejemplos, aprenderás a conectar los puntos celestes, a hacer interpretaciones astrológicas y a descubrir las historias únicas que se entretejen en cada carta astral.

Recuerde que la astrología es tanto un arte como una ciencia y que, como cualquier habilidad, se fortalece con la práctica. A medida que profundices en estos ejemplos de cartas, déjate guiar por tu intuición. Confía en tu capacidad para descifrar los mensajes cósmicos ocultos en la carta astral y no tengas miedo de experimentar con distintas interpretaciones.

Tu viaje por la astrología es un proceso dinámico y en constante evolución. Al igual que las estrellas continúan su danza celestial, tu comprensión del cosmos se profundizará con el tiempo y la experiencia. Así que aprovecha esta oportunidad para aplicar tus nuevos conocimientos, abraza los misterios del universo y deja que las estrellas te guíen.

Que tu exploración de la astrología esté llena de perspicacia, asombro y una sensación de conexión cósmica. Tu viaje comienza ahora, y el universo espera ansioso tus descubrimientos.

Estudiar la Carta Natal

Name: ♀ Marilyn Monroe
born on Tu., 1 June 1926   Time: 9.30 a.m.
in Los Angeles, CA (US)   Univ.Time: 17:30
118w15, 34n03   Sid. Time: 2:14:45

Natal Chart (Method: Astrowiki / Placidus)
Sun sign: Gemini
Ascendant: Leo

☉ Sun	♊ 10° 26' 40"		
☽ Moon	♒ 19° 5' 54"		
☿ Mercury	♊ 6° 46' 43"	Dom.	
♀ Venus	♈ 28° 45' 2"	Detr.	
♂ Mars	♓ 20° 43' 54"		
♃ Jupiter	♒ 26° 49' 33"		
♄ Saturn	♏ 21° 26' 30" r	
♅ Uranus	♓ 28° 59' 41"		
♆ Neptune	♌ 22° 13' 22"		
♇ Pluto	♋ 13° 23' 30"		
☊ Mean Node	♋ 18° 16' 2"		
⚷ Chiron	♉ 0° 23' 41"		
⚹ Lilith	♌ 29° 3' 42"		

La carta astral de Marilyn Monroe ofrece una imagen intrigante de su vida. Con Cáncer como ascendente y Capricornio como signo lunar, poseía una combinación única de cualidades que definían su cautivadora personalidad. La Luna, su planeta personal, adornaba su séptima casa, que rige la imagen pública. Este emplazamiento dejaba entrever su extraordinario atractivo, caracterizado por unos ojos encantadores, una sonrisa seductora, un semblante atractivo y un físico impregnado tanto de sensualidad como de destreza intelectual. Estos atributos se adaptaban perfectamente a su ilustre carrera como bailarina, modelo y estrella de cine.

Por el contrario, la influencia del ascendente Cáncer, regido por emociones intensas, ensombreció su vida personal. Sus asuntos privados estaban marcados por las turbulencias, pero resultaban innegablemente cautivadores para la opinión pública. Saturno, regente de la séptima casa, asociada a las relaciones de pareja y al matrimonio, estaba situado en la cuarta casa, exaltado por Venus. Esta configuración le otorgaba una inmensa atención pública y riqueza material, pero le negaba la felicidad conyugal. El señor de la séptima casa, Saturno, también recibió el aspecto inquietante de Rahu, situado en la duodécima casa. Además, Venus, que simboliza el amor y el matrimonio, estaba afectado por Saturno y Rahu, lo que contribuyó a los problemas de su vida matrimonial, que culminaron con el divorcio en 1946. Explore los entresijos de su propia historia de amor a través de nuestro informe de astrología matrimonial.

Un examen más detallado de su horóscopo revela que Saturno en la 4ª casa, la Luna en la 7ª casa y Venus en la 10ª casa significan el punto álgido de su carrera en 1949, cuando posó para un calendario desnuda que la catapultó a la fama. Venus la conectó con el mundo del glamour, el espectáculo y la belleza, mientras que la Luna en la casa 7 le garantizó protagonismo. A pesar de las críticas y los desafíos, encontró la felicidad en su fama, gracias a su audacia.

Al adentrarnos en el ámbito astrológico del horóscopo de Marilyn Monroe, somos testigos de los relatos entrelazados de fama y adversidad que siguen resonando hoy en día.

El emplazamiento de Saturno en la 4ª casa y la Luna en la 7ª, junto con Venus en la 10ª casa, dotan a los ascendentes Cáncer como ella de talento creativo, pero a menudo de una educación problemática. Son individuos extraordinariamente sensibles, que oscilan entre la brillantez intelectual y la intensidad emocional, lo que puede conducirles a tendencias adictivas, como el alcohol o las drogas.

Marte, el regente de la 5ª casa, relacionada con la creatividad, el talento y el amor, residía en la 8ª casa, indicando obstáculos y perturbaciones en su vida. Este emplazamiento afectaba negativamente a su orientación sexual, fomentando relaciones efímeras y a menudo decepcionantes, tanto física como emocionalmente.

Júpiter, que rige la 6ª casa (enemigos, deudas y enfermedad), en la 8ª casa de la orientación sexual, señaló su excesiva indulgencia en actividades sexuales. El ascendente Cáncer de Marilyn, unido a las influencias de Júpiter, Marte y Ketu, la condujeron a numerosas relaciones sexuales y al infame escándalo del calendario de desnudos, que le otorgaron fama pero erosionaron su paz.

Su ascendente, la Luna, que ocupa la séptima casa del matrimonio, aumentó su sensibilidad en las relaciones, lo que dio lugar a múltiples matrimonios que oscilaron entre la alegría y la agonía, sin que ninguno llegara a buen puerto.

Mientras tanto, Júpiter y Marte en la 8ª casa contribuyeron a su fama y riqueza, pero plantearon importantes desafíos a su vida personal.

Sol y Mercurio, situados en la 11ª casa de ganancias, no ejercieron una influencia dominante, produciendo un impacto relativamente modesto en su reputación general y éxito financiero.

Rahu en la casa 12 simbolizaba su desilusión en asuntos de intimidad, perpetuando su infelicidad en el matrimonio y conduciéndola finalmente al divorcio.

Cartas de tránsitos

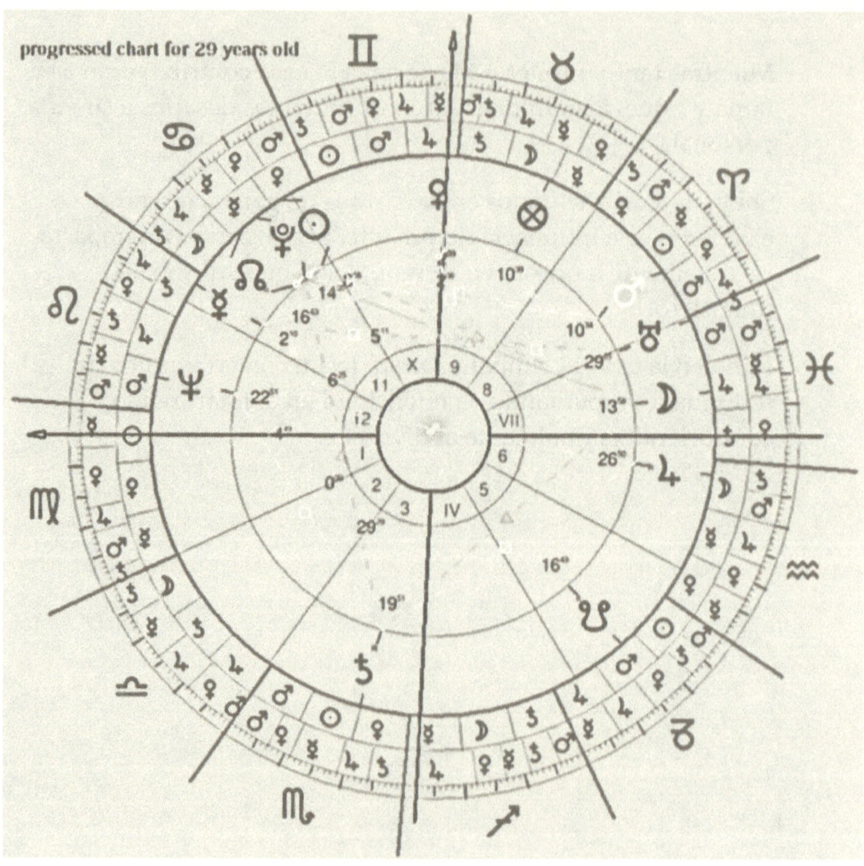

En 1955, Marilyn Monroe se encontraba todavía en el subperiodo
del Sol dentro de un periodo de Mercurio de 13 años. El Sol
ocupaba una posición significativa en su carta astral,
estrechamente alineado con Mercurio. Esta alineación apuntaba
a un periodo de considerable importancia, sobre todo en lo

referente a su propia imagen (ya que el Sol regía su carta natal) y a cómo se comunicaba a través de ella. Durante esta época, Marilyn causó un impacto memorable en la icónica escena en la que llevaba un vestido blanco que fluía con gracia, casi como poesía. Sus manos, que simbolizaban su naturaleza de Géminis, cubrían discretamente sus partes íntimas, transmitiendo un mensaje como "puedo destilar sensualidad sin revelarlo todo", o eso podríamos imaginar. En particular, su Sol y Mercurio natales estaban ambos en Géminis, lo que reforzaba este tema de la comunicación y la autoexpresión.

Centrémonos ahora en la carta progresada de Marilyn de 1955. En esta carta asistimos a la formación de una poderosa configuración de gran trígono. Esta alineación se activó por la presencia de la Luna progresada en su casa 7, asociada con la imagen pública y las relaciones. Los otros dos puntos de este triángulo celeste son Plutón en la casa 11, que representa a grandes empresas como los estudios Fox, y Saturno progresado, que representa su carrera.

Esta disposición astrológica sugiere que, durante esta época, la imagen pública de Marilyn y sus relaciones desempeñaron un papel fundamental en su vida. Su conexión con una gran empresa, posiblemente simbolizada por los estudios Fox, y la influencia de su carrera (Saturno) convergieron armoniosamente bajo los auspicios de este gran trígono. Fue un momento en el que su poder de estrella estaba en pleno apogeo y su imagen pública estaba estrechamente alineada con sus aspiraciones profesionales. Es probable que este periodo marcara una fase importante de su vida, en la que logró un notable equilibrio entre su imagen personal, sus interacciones con el público y sus ambiciones profesionales.

estos 2 ejemplos son una guía indicativa para ayudarle a desarrollar su técnica interpretativa personal.

recuerda que necesitas adquirir experiencia analizando tus cartas astrales para convertirte en un experto en astrología.

¡Buen viaje!

SOBRE EL AUTOR

Giovanni da Rupecisa siempre se sintió atraído por los reinos místicos y esotéricos desde muy joven. Al crecer, el autor no fue ajeno al mundo de la magia y la espiritualidad. Los primeros encuentros con la astrología, las cartas del tarot y el estudio de los misterios antiguos encendieron una fascinación de por vida por las fuerzas invisibles que dan forma a nuestra existencia.

Hace quince años, la vida dio un giro inesperado, lanzando retos y tribulaciones en el camino de Giovanni. Estas pruebas se convirtieron en el catalizador de un profundo despertar. El autor se encontró en una encrucijada, obligado a explorar las profundidades de la espiritualidad y a buscar respuestas a las preguntas más profundas de la vida.

Este momento crucial marcó el inicio del dedicado viaje de Giovanni al mundo de la sabiduría esotérica. En el vasto universo del conocimiento espiritual, descubrió la astrología como una herramienta poderosa e iluminadora. Se convirtió en la estrella que le guió en su búsqueda de autodescubrimiento y comprensión.

Fue durante estos momentos de búsqueda interior cuando Giovanni profundizó su conexión con las artes místicas. Encontró consuelo en el estudio de la astrología, una profunda herramienta que le ayudó a afrontar los retos de la vida y a encontrar su propósito en la danza cósmica de las estrellas. El propio viaje de autodescubrimiento del autor a través de la astrología inspiró la creación de "Astrología para principiantes: Las estrellas tienen la llave del camino de tu vida".

En este libro, Giovanni da Rupecisa comparte no sólo sus conocimientos de astrología, sino también su experiencia personal de cómo esta antigua sabiduría ha transformado su vida. Con una auténtica pasión por ayudar a los demás a liberar el potencial de sus propios caminos vitales, el autor invita a los lectores a embarcarse en un viaje transformador a través del cosmos.

Hoy en día, Giovanni da Rupecisa es reconocido como una autoridad líder en esoterismo en Europa e Italia. Se ha convertido en un maestro y mentor venerado, que comparte su riqueza de conocimientos con estudiantes ávidos de todo el mundo. A través de su visionario proyecto editorial, "Templum Dianae", miles de estudiantes, más de 20.000 cada mes, se reúnen para explorar los misterios de la astrología, el tarot y diversas facetas de las artes esotéricas.

En "Astrología para principiantes: Las estrellas tienen la llave del camino de tu vida", la pasión de Giovanni por la exploración espiritual y su compromiso con el empoderamiento de los demás brillan con luz propia. Este libro es un testimonio de su profundo viaje de autodescubrimiento y del poder transformador de la astrología. Acompaña a Giovanni en su invitación a desvelar los secretos de las estrellas, embarcarte en tu propio viaje de autoconocimiento y descubrir el ilimitado potencial que reside en tu interior. "Astrología para principiantes" no es sólo un libro; es una iniciación al mágico mundo de la sabiduría cósmica, guiado por un autor que ha dedicado su vida a iluminar el camino para los demás.

Material didáctico
incluido

Escanee este código para obtener
su Curso de vídeo incluido en el libro, una introducción al
mundo de lo oculto y lo paranormal

O siga este enlace:

https://templumdianae.co/the-witchy-course/

¡Este Material te dará acceso a materiales de formación
Exclusivos para mejorar en tu camino !